부끄럽지 않은 우울증 극복기

디아스포라(DIASPORA)는 독자 여러분의 책에 관한 아이디어와 원고 투고를 기다리고 있습니다. 디아스포라는 종교(기독교), 경제·경영서, 일반 문학 등 다양한 장르의 국내 저자와 해외 번역서를 준비하고 있습니다. 출간을 고민하고 계신 분들은 이메일 chonpa2@hanmail.net로 간단한 개요와 취지, 연락처 등을 적어 보내주세요.

부끄럽지 않은 우울증 극복기

하루 16시간 자던 중증우울증에서 완치까지, 다짐과 방법의 기록

—
초판1쇄 인쇄 2024년 01월 30일
초판1쇄 발행 2024년 02월 06일

—
지은이 전이레
발행인 손동민
디자인 강민영
편 집 박정은

—
펴낸 곳 디아스포라
출판등록 제25100-2014-000013호
주 소 서울시 서대문구 증가로18, 204호
전 화 02-333-8877(8855)
팩 스 02-334-8092
이메일 chonpa2@hanmail.net
홈페이지 www.s-wave.co.kr
공식 블로그 http://blog.naver.com/siencia

ISBN 979-11-87589-41-9 (03190)

부끄럽지 않은 우울증 극복기

하루 16시간 자던 중증우울증에서 완치까지, 다짐과 방법의 기록

전이레 지음

대한민국은 여전히 우울증에 대해 오도되고 있는 부분이 있다고 생각한다. 좀 더 구체적으로는 우울증 극복에 대한 인식의 정도가 일차원적인 듯 보인다. 여전히 '의지로 극복하는 게 옳다'라는 식이거나 '우울증은 의지가 약한 사람들이 걸리는 거다'라는 생각을 갖고 있는 사람이 많다. 그래서인지 더 우울증 환자들이 극복 방법을 찾는 데에 길을 잃는 것 같다. 또 나아가, 우울증뿐만 아니라 삶의 방식, 삶을 향한 태도, 삶을 사는 방법, 타인과 지내는 방법, 분쟁과 어려움을 해쳐나가는 방법 등이 문화적인 차원에서 올바르게 훈육되고 있지 않은 면이 있다. 또는, 이미 옳다고 믿어온 신념 체계 자체가 부실해서 흔들리고 있다. 부실공사가 필요한 시점이다.

코로나 펜데믹을 겪으며 더 크게 휘청이게 되었고 운이 좋은 사람들을 제외한 수많은 젊은 사람은 가슴 속 깊이 공허함을 느끼며 길을 잃었다. 20세기, 무라카미 하루키의 저서 『노르웨이의 숲』은 『상실의 시대』라는 제목으로 바뀌어 출간됐다. 지금 세상의 모습도 상실의 시대가 아닐까. 늘 우울한 기질이었던 나 또한 가슴 깊이 공허함을 마주했고 코로나 팬데믹 때에는 특히 길을 잃었다. 그때 가족과 친구 그리고 사회는 내게 도움을 주기보다는 길을 더 잃게 만들었다.

　나만의 문제는 아니리라 생각한다. 나는 아름다운 한반도 남쪽의 서울에 사는 사람이고, 대한민국의 시민이다. 그렇기에 나의 문제는 공통의 문제를 가진 다른 사람과 물리적으로든 정신적으로든 얽혀있다. 따라서 나는 이 책을 통해 우리 대한민국에 속한 청년들이 다 같이 함께 공동의 문제 즉, 사회 문제인 우울증이라는 문제를 같이 고민하고 같이 풀어나가길 원한다. 이 책이 진중한 회복의 기회이자 회복의 씨앗이 되기를 바란다. 마찬가지로 내가 원고를 다 쓰는 것이 대한민국 청년들이 한 발짝 걸어나가는 데에 도움이 되기를 바란다. 개인이 모여 사회를 이룬다. 한 사람 한 사람의 문제가 풀리면 사회의 문제도 점차 치유되리라 믿어 의심치 않는다.

이 책을 읽는 이들이 다 읽었을 때 부디 손에 우울증에서 벗어나는 물리적이면서 구체적인 방법론을 쥐었다고 생각하기를 소망한다. 이는 어쩌면 살아가는 방법론일지도 모르겠다. 그만큼 우울증은 우리가 인정하든 인정하지 않든 우리네 삶 자체와 아주 깊이 얽혀있기 때문이다.

이 기회로 남의 인생 말고 내 인생을 살게 되는 그런 기쁜 소식이 있기를 바란다. 이것으로 여러 청년들의 회복이 일어나기를, 나아가 한국의 다음 세대가 회복되기를 바란다. 왜 우울증에 걸렸을까? 나의 문제일까? 내 주변의 문제일까? 가혹한 현실이 문제일까? 내 기질 때문일까? 유전적인 이유 때문일까? 사실은 우울증이란 없는 것 아닐까? 우리 사회는 왜 이렇게 우울증이 많은가? 왜 이렇게 사람들이 정신질환으로 괴로워하는가? 나는 어떻게 살아가야 할까? 우리는 어떻게 살아야 할까? 어릴 적부터 내가 잘하는 것은 생각하는 것을 멈추지 않는 것이었다. 이런 재능은 양날의 검 같아서 어른들로 하여금, '생각이 너무 많으면 안 좋아' 이런 말을 듣게 되거나 친구들도 생각이 과도하게 많은 나를 이해하지 못 하고 '그만 생각하자'고 하며 내 생각을 중단시켰다. 어떤 친구는 나에게 말했다. '세상이 다 그렇지 뭐'. 나는 이 말이 싫었다. 세상이 그러니까, 나는 이런 식으로 불행할 수밖에 없다는 것인가? 성급한 결론은 오류를 낳기 쉽지 않은가? 나는 좋은 방법과 결론을 얻고 싶었다. 나 같은 우울증 환자도 살 수 있는 날이 오면 좋겠다는 바람이 있었다. 나 같은 사람도 행복해지는 날이 오기를 바랐다. 세상이 원래 다 그렇기 때문에 나는 불행할 수밖에 없다는 명제 때문에 내가 생각하기를 멈출 이유는 없었다. '원래 다 그런 것'은 없다. 더 많이 말한 사람이 더 크게 말한 사람이 주류가 되는 것뿐이다. 끝까지 살아낸 사람이 옳은 사람이 되는 게 현실이다. 내가 끝까지 생각해보고 더 많이 크게 말하고 끝까지 살아보고 싶다. 잘못된 게 있다면 잘못 되었다고 말하고, 더 나은 길이 있다면 더 나은 길이 있다고 당당하게 이야기하고 싶다. 이렇게 이야기하고 싶은 욕구가 턱 끝까지 차올라서 토해내고 싶어서 글을 쓰는지 모르겠다. 아니면, 블로그라도 열어서 글을 올리는지 모르겠다. 그래서 누가 보는지도 모르지만 시간을 들여 영상을 만들어 올리는지도 모르겠다.

우리는 단정 짓지 말자. 세상이 옳은가, 그른가, 나는 불행할 운명인가, 행복할 운명인가. 옳고 그름이 무엇인가? 사랑이 무엇인가? 행복은 무엇인가? 운명은 선택할 수 없는 것인가? 이런 문제들을 함부로 단정 짓지 말고 일단 살아내 보자. 다만, 내 글이 약간의 도움이 되면 좋겠다. 나는 나름대로 행복을 찾았다. 술에 취한 듯 초점을 잃은 눈으로 취하는 행복 말고, 지루한 하루 속에서도 눈을 똑바로 뜨고 살아가는 행복. 지루하면서도 고통스럽지만 사랑이 넘치며 책임을 감내하는 그런 행복 말이다. 이곳에 도달하기 위해 나는 많이 생각했고 많이 용기 내었으며 많이 눈물을 흘리었다. 멈추지 않고 직면했으며 멈추지 않고 좋은 길을 계속 찾았다. 이 책을 읽으면 내 생각을 엿볼 수 있고 내가 얻은 삶의 무기를 쟁취할 수 있을 것이다. 삶은 원래 힘들지 않은가? 누가 이 사실을 부정할 수 있는가? 그럼에도 불구하고 많은 이가 이 사실 자체를 부정하거나 피하려고만 한다. 적절히 삶의 고통을 다루는 법을 모르기 때문이 아닐까. 그래서 우울증이라는 염증이 생기는 것 아닌가? 어려움이 있으면 적절히 대응할 수 있는 지침서나 무기나 도구가 필요하다. 학생은 연필이 무기이고 전쟁터에서는 총알이 무기인데, 우리 삶도 사실 전쟁터나 마찬가지 아닌가? 우리들은 무기나 도구가 필요하다. 의지는 두 번째 문제이다. 삶을 사는 방법론인 무기, 우울증을 극복하는 방법론인 도구들을 거머쥐고 용기 내어 살아내자!

나를 지켜내자. 인생에서의 자유, 사랑, 행복, 회복 이런 것들은 적극적으로 쟁취하는 수밖에는 도리가 전혀 없다. 지름길이 없다. 다만 함정은 수백 개와도 같다. 함정 말고 지름길 말고 정직한 길로 가면서 우리의 삶을 쟁취해내자. 저절로 하늘에서 뚝 떨어지는 것이 아니다. 우리는 쟁취할 권리가 있다. 우리는 무력하지 않다.

1장

나는 이미 우울증 환자였다

가장 가까운 폭력

다른 사람들은 나처럼 매일 거지같은 기분이 아니라는 것을 알았다. 초등학생 때부터 내 마음은 늘 비가 오는 것처럼 우중충했다. 비가 오지 않아도 흐린 하늘처럼 어두웠다. 점심시간, 모두가 운동장을 뛰놀 때도 나는 슬펐다. 철봉 옆에 앉아 부모님과 있었던 일을 돌이켜 생각했다. 나는 어떻게 해야 할까. 내가 어떤 선택을 해야만 미래가 나아질까. 아마 초등학생 때부터 우울의 악습관을 갖고 있었던 것 같다.

나는 유치원생 때부터 피가 나도록 맞으면서 공부했다. 영어유치원을 다니던 시절, 'send(보내다)'라는 영단어의 뜻이 모래(sand)라고 말해서 몇 시간 동안 맞았다. 머리채를 잡힌 채, 거실에서 방으로 끌려가 맞았다. 초등학생 때도, 중학생 때도, 고등학생 때도 맞았다. 고등학교 3학년 때는 피를 흘리며 응급실에 가서 의료용 스테이플러로 머리를 찍었다. 패닉이었다. 경찰 아저씨가 내 주민등록번호 뒷자리를 물어봤는데, 기억이 나지 않았다.

어느 날 아빠에게 호소했다.

"아빠, 엄마는 나를 왜 이렇게 미워해. 너무 괴로워." 아빠는 내게 말했다. "엄마는 너를 사랑해. 다만 서툴 뿐이야." 믿을 수 없었다. 소리치며 말했다. "엄마가 나를 사랑할 리가 없어. 사랑한다면 어째서 이렇게 해?" 아빠는 단언했다. "사랑하지 않으면 왜 너를 교육시키고 왜 너에게 밥을 차려주겠어?"

헷갈렸다. 엄마는 밥을 차려줄 때 신경질을 부렸다. 나중에 자기는 20살까지만 엄마로서 밥 주는 의무를 하고 싶다고 했다. 이제 그만 얻어먹고 알아서 해야 할 나이가 되지 않았냐고, 할 만큼 했다고 눈치를 줬다. 이 말을 들었을 때는 정말 슬펐다. 다른 사람들은 30살까지 결혼하지 않아도, 직장인 신분이어도 엄마가 밥을 차려 주던데. 20대 초반의 나는 엄마가 차려준 밥을 먹는 게 눈치 보였다. 그래서 아르바이트를 시작했고, 대부분의 끼니를 배달 음식으로 해결했다. 식비만 매달 50만 원도 넘게 들었다. 엄마와 아빠, 동생이 거실에서 밥을 먹을 때도 방에서 나 혼자 배달음식을 먹었다. 엄마가 차린 밥은 나를 위한 밥이 아니었다. 나는 해산물을 싫어하는데 동생에게 해산물이 좋다며 매일 해산물을 했고 고기를 차릴 때면 아빠 줄 거니까 조금만 먹으라고 눈치를 줬다.

아빠가 말한 엄마가 나를 사랑하는 또 다른 근거는 '교육'이었다. 아빠는 내가 연세대학교에 들어간 게 엄마가 사랑으로 영어를 배우게 시켰기 때문이라고 했다. 정말 날 사랑해서 교육을 시켰을까. 그렇다면 숙제를 안 하거나 점수가 완벽하지 않다는 이유로 때려서는 안 됐다. 내가 수능을 망치고 재수를 하게 됐을 때, 엄마는 주위에 거짓말을 했다. 모 여대에 붙었지만, 더 높은 대학에 가기 위해서 재수하는 것이라고 말이다. 사실 난 그때 정시 원서를 쓰지도 않았다. 어딘가에 붙지도 떨어지지도 않았을 뿐더러 지원조차 안 했다.

나는 무엇이었을까. 가정에서의 내 정체성은 오직 '공부 잘 하는 애'였다. 성격이 좀 안 좋다 한들 어때. 성적만 좋다면 엄마가 덜 혼냈고 덜 때렸으며 아빠가 흐뭇해했다.

집이 제일 힘들었던 날들

지금 생각해보면 아빠는 엄마가 자기 자식을 사랑하지 않는다는 사실을 인정하고 싶지 않았던 것 같다. 그건 나도 마찬가지였다. 끊임없이 의구심이 들었음에도 불구하고 나는 엄마가 나를 사랑하지 않는다는 사실을 인정하고 싶지 않았다. 그 사실 자체만으로 너무 고통스러웠기 때문이다. 아빠도 고통스러웠을 거라고 생각하면 엄마가 나를 사랑한다고 거짓말 할 수밖에 없었던 아빠의 입장을 이해할 수 있기는 하다. 아빠가 되어서 딸에게 '하긴 너네 엄마는 널 사랑하지 않는 거 같긴 하다'라고 말할 수는 없었을 테니까. 그런데 아빠 빼고는 생각이 달랐다. 엄마한테 맞은 날, 종종 나를 재워준 친구들 중에서는 아무도 우리 엄마가 나를 사랑한다고 말하지 않았다. '너네 엄마는 좀 이상하다'라고 했고 빨리 집에서 나오라고 말했다. 그 말에 동의하면서도 나는 몇 년간 집에서 엄마와 함께 살았다. 매일을 싫다, 싫다 하면서도 엄마랑 살았다. 이건 순전히 내 선택이었다.

나는 매년 노력했다. 정확히는 보편의 가족 구성원으로서 딸의 역할을 하려고 노력했다. 어쩌면 이건 머릿속을 휘젓는 수많은 생각을 정리하기 위한 일이었던 것 같다. 엄마와의 관계에서 나는 할 수 있다고, 노력할 수 있다고 스스로에게 되뇌었다. 엄마가 날 사랑하고 나도 엄마를 사랑하고 우리는 서로를 위해 노력할 수 있다고 말이다. 내 성적이 떨어졌거나, 내가 예의가 없었거나, 그래서 엄마도 나름대로 화날 만한 이유가 있겠지. 아빠 말처럼 엄마는 나를 사랑하니까 했던 행동일 거야. 너무 미워하지는 말자. 계속해서 이런 식으로 생각하려고 노력했다. 돌이켜 보면 이런 식으로 스스로에게 되뇌는 것은 두 가지 이유 때문이었다. 첫째는 엄마한테 폭력당하고 폭언을 듣는 게 정신적으로 괴로워져서 엄마가 미워졌기 때문. 둘째는 아무리 생각해도 엄마가 나를 사랑하는 것 같지 않았기 때문이다. 그래서 엄마를 미워하면 안 되는 이유를 생각했고, 엄마가 나를 사랑하는 게 분명하다고 여러 번 스스로에게 말해줘야 했다. 어린 아이들이 잘못된 행동을 하면 여러 차례의 훈육을 해서 행동을 고치는 것처럼, 나에게도 여러 번 말해줘야 한다고 생각했다. 왜냐하면 내가 아무리 많이 맞았어도 '엄마'를 미워하는 일은 내가 너무 나쁜 사람이 된 기분에 괴로웠고, 엄마가 날 사랑하지 않는다는 사실은 나에게 너무나도 가슴 아픈 일이기 때문이다.

하지만 자꾸만 수면 위로 떠올랐다.

엄마는 나를 사랑하지 않는다

만일 엄마의 사랑이 사실이라면 굳이 수면 위로 떠오르지 않는다. 의심 없이 당연한 것처럼 떠오르지도 않고 대답할 필요도 없이 그냥 맞는 말인 것이다. 내 친구들이 우리 집 이야기를 들으면 전혀 이해하지 못 했다. "새엄마 같다"라고 말하곤 했다. 이건 자신들이 전혀 경험해본 적이 없는 일이기 때문이리라. 단 한 번도 엄마가 본인을 사랑하는지 고민해본 적이 없기 때문이리라. 아무도 내일 태양이 안 뜨면 어떡하지 고민하지 않는다. 무조건 태양이 뜰 줄을 알기 때문이다. 아무도 까마귀가 하얗다고 생각하지 않는다. 당연히 새로 태어난 까마귀도 검은색일 것이다. 하지만 내일 태양이 떠오르는 것과 우리 엄마가 나를 사랑한다는 사실은 전혀 어울리지 않았다. 후자는 불안한 명제였다. 우리 엄마는 나를 사랑하지 않는다는 사실을 무의식적으로 알고 있었기에 계속해서 불편한 사실이 떠오른 것이다. 하지만 나는 계속 스스로에게 거짓말했다. 왜냐하면 이 사실을 인정한다면, 나는 엄마를 미워하는 사람이면서, 그와 동시에 엄마가 날 사랑하지 않는다는 것을 알면서도 엄마가 사는 집에 얹혀사는 사람이 되기 때문이다. 일이 번거로워지기 때문이다. 그 사실을 인정해버리면 당연히 조치를 취해야 할 텐데 도무지 자신이 없었다. 번거로운 일을 혼자서 감당할 자신이 없었다. 남들은 취직 준비하면서도 엄마 밥을 먹을 때 나는 혼자 집을 구해서 혼자 월세를 내야하고 혼자 밥을 준비해서 혼자 밥을 먹어야 할 것이 뻔했다. 남들은 늘 가족이 지탱해 주지만 나는 앞으로의 모든 일을 스스로 해야 할 텐데 그게 두려웠다. 앞으로 더 아르바이트를 많이 해야 하고 더 많은 돈을 벌어야 한다는 것이 막막했다. 난 체력도 나쁜데 지금보다 더 어떻게 아르바이트를 하지? 앞으로 어려워지는 날도 많지만 앞으로는 혼자서 모든 일을 처리해야 함을 알고 있었다. 남들보다 먼저 삶을 책임지는 어려움을 겪어야 한다는 사실이 억울했다. 남들과는 달리 혼자 살아남아야 하는 역경을 겪어내야만 한다는 게 억울했다. 남들은 천천히 과도기를 두면서 연습하면서 독립을 하지만 나는 어느 날 갑자기 길가에 나앉으며 시작해야 할 거 같아서 그게 억울했다. 두려움과 억울함 때문에 나에게 독립하라고 외치는 진실을 알면서도 진실을 뭉개고 앉아서 스스로를 기만했다. 고통을 느끼고 싶지 않아서 고통을 느끼기를 선택한 격이었다. 앞으로 혼자 해내야 한다는 고통을 회피하고자 엄마와 엮인 모든 고통을 겪기로 선택한 것이었다. 지나고 보니깐 인생은 괴롭지 않기 위해 사는 게 아니었다. 괴로움을 다루면서 살아야 하는 것이었다. 신기한 건 성장을 하려면 고통이 필요하고 자립하려면 고통이 필요했다. 헷갈리는 건 안주하고 퇴행할 때도 고통이 뒤따랐다. 이렇듯, 인생 자체가 이러나 저러나 고통이 있는 것인데, 나는 고통으로부터 도망치면서 고통을 느꼈다. 다만 같은 고통이어도 방향성이 다르다는 것을 이제는 알고 있다. 전에는 진실을 뭉개고 스스로를 기만하면서 정신적으로 고통을 겪는 것을 택했다. 그때는 성장하지 못했으며 오히려 죽어가고 있었다. 책임을 회피하느라 고통을 느꼈던 것이다. 지금은 내 삶을 책임지는 것이 고되다는 것을 알면서도 고통을 기꺼이 감수하며 나날이 성장하고 있다. 이러나 저러나 삶은 고통스럽다. 다만 종류가 다르다. 죽어가는 고통 말고 살아내는 고통을 우리는 기꺼이 감수해야 한다. 퇴행하는 고통 말고 성장하는 고통을 선택해야 한다.

엄마가 나를 사랑하지 않는다는 사실을 인정했고, 직면했다. 생각대로 고통스러웠다. 하지만 전과 같은 고통은 아니었다. 오히려 새로운 희망이 보였다. 전에는 고통을 느끼며 진실을 뭉갰고 학업에도 취업에도 취미에도 연애에도 애매한 책임지지 않는 사람이었다. 이제는 진실을 방치하지 않고 인정했으며 문제 상황으로 인정했기에 문제 해결을 위한 조치를 취하는 것이 당연했다. 그렇기 때문에 다음 단계로 나아갈 희망이 보였던 것이다. 연쇄적으로 이어질 책임을 지는 것이 두려운 고통이 따를 것을 앎에도 불구하고 인정하고 직면하고 고통받기를 선택한 이유는 더 이상 참을 수 없었기 때문이다. 그동안 거짓을 믿고 있었다는 것은 양심적으로 이미 스스로가 알고 있었다. 사람은 지독하게도 양심적이다. 선악과를 따먹은 뒤로 인간은 무엇이 옳고 그른지 자동으로 알고 있다. 자신에게 거짓말을 하고 있다는 사실이 거짓된 행동이라는 것도 알고 있다. 스스로를 속이는 와중에도 속이는 게 잘못되었다는 것도 인지하고 있다. 안타깝게도 의식적으로는 거짓말을 해도 무의식은 거짓말을 구분해내 언젠가는 스스로를 심판대에 올린다. 우리들의 영혼은 거짓말을 싫어한다. 실제로 너무 괴롭기 때문이다. 거짓말은 너무 괴롭다. 거짓말을 진실이라고 되뇌는 과정이 너무 괴롭다. 그래서 계속 의문을 제기하고 거짓 말고 진실을 직면하라고 나에게 무의식이 요구한다. 나에게 말한다. 인정해 제발. 이 고통을 끝내자. 죽어가지 말고 이제 살자. 나를 위해 살자. 나에게 몹쓸 짓을 하지 말고 살자. 우리들이 거짓말을 자기 자신에게 하고 있는지 아닌지는 어떻게 아느냐고? 이미 알고 있다. 인간은 이미 알고 있다. 숨긴 걸 꺼내기만 하면 된다. 이건 마치 창고 정리와도 같다. 방치해둔 물건으로 즐비한 더러운 창고. 미루고 미뤄서 귀찮아 죽겠는 그 창고 정리. 창고가 더럽다는 걸 인정하는 순간 창고를 치우는 고통을 감수해야 하는 것이다. '더럽지 않아'라고 거짓말하는 것은 단기적으로는 효과가 있지만 언젠가는 터지게 되어 있다. 그때 부디 어딘가가 탈이 나 있지 않아야 할 텐데 말이다. 창고 정리를 해야 한다는 사실이 불편하고 귀찮지만 그럼에도 불구하고 창고를 정리하는 이유는 그것이 옳은 일인 줄을 알기 때문이다. 더러운 것보다 깨끗한 것이 더 나은 줄을 알기 때문이다. 창고를 치우면 찜찜함이 사라질 것을 알기 때문이다. 마침내 창고를 치운 뒤 그 창고를 새롭게 활용할 수 있을 것을 알기 때문이다. 우리들은 이렇게 다음으로 나아가기 위해 진실을 직면하는 고통을 기꺼이 받아들일 수 있다. 인간은 누구나 언젠간 부모의 품을 떠나야 한다. 그 과정이 부드럽고 납득 가능한지 아닌지와 별개로 언젠가는 꼭 떠나게 된다. 그리고 떠나야만 한다. 부모가 나를 지독하게 사랑하든지 전혀 사랑하지 않든지 언젠가는 떠나야 한다. 그 사랑이 옳은지 옳지 않은지와는 관계 없이 언젠가는 떠나야 한다. 누군가는 고등학생 때부터 떠나게 되고 누군가는 20대 때 떠나게 되고 누군가는 40대가 되어서도 부모의 품을 떠나지 못 한다. 물리적으로 같이 살지 않아도 정서적으로 부모를 떠나지 못 하는 경우도 있다. 다른 이들이 떠나는지 떠나지 않는지와 관계 없이 우리는 결국 떠나야 한다. 각자의 삶을 살아야 한다. 독립해서 다른 이성을 만나 가정을 꾸리고 새롭게 누군가의 부모가 되어야 한다. 아니면 적어도 혼자서라도 가정을 꾸려 자기 자신을 훈육하고 자기 자신을 보살펴야 한다. 부모의 보살핌 없이 자기가 보살펴야 한다. 독립이란 그런 것이다. 어느날 갑자기 찾아온다. 피해갈 수 없다. 피하려고 하면 자꾸만 따라와 나를 괴롭힌다. 사람마다 이러한 독립의 시점이 다르고 그래야만 하는 이유도 다르다. 각자의 스토리가 있기 때문이며 사람마다 다른 인생사를 갖고 살아가기 때문이다.

그것들이 얽히고 설켜 역사를 이룬다. 이 진리로부터 도망치려고 하면 그때부터 골치가 아파지기 시작한다. 도망치려고 자꾸만 애를 쓰면 정신병만 심해질 뿐이더라. 도망치지 말고, 싸워서 이기자. 살아내자.

중증 우울증이었다니

23살이 되기 전에는 내가 '우울증'일 거라고는 생각하지 못했다. 그냥 기질적으로 우울한 '우울질'일 거라고 생각했다. 남들은 우울한 애, 슬픔에 잠긴 애, 무기력한 애, 성격 안 좋은 애, 맨날 우는 애, 맨날 화내는 애 정도로 생각하는 듯했다. 물론 이런 성격으로 사는 건 매일이 괴롭다. '죽으면 끝나나' 이런 생각을 하루에 한 번은 꼭 했다. 매일 맞이하는 아침이 달갑지 않았다. 그저 신께 빌었다. 수십 번 교회를 떠났지만 간절할 때는 꼭 기도를 하게 되더라. 비겁한 기독교인이었다. "제발 저도 아침에 일어나면 다른 사람들처럼 상쾌하고 즐거운 기분이 들게 해주세요. 지금까지 하나님을 떠나서 잘못했습니다. 기도도 이럴 때만 해서 죄송해요. 저는 너무 힘들어요. 아침마다 너무 괴로워요. 제발 저에게 평안한 아침을 주세요."

　23살 11월 내 생일이 가까워지던 무렵, 진짜 '우울증'이라고 할 만한 상황에 접어들었다. 수학학원에서 자습 감독을 하고 있던 어느 날이었다. 당시 학생도 두 명 뿐이고 질문이 너무 없어서 면역학 원서를 펴고 원서를 읽었다. 읽다가 이해가 안 돼서 한 구간을 자세히 보다가 정신을 차리니 나는 그 구간을 뚫어져라 쳐다만 보고 있었다. 기계적으로 네 줄의 정말 작은 글씨의 영어 문장을 무한반복하고 있던 것이다. 다 읽으면 또 올라가서 또 읽고 또 읽고. 시계를 보니 2시간이 지나있었다. 20분 정도 지난 줄 알았는데. 무서웠다. 이후로 시간이 너무나도 이상하게 흘렀다. 잠깐 생각을 했을 뿐인데 2-3시간이 지나있었다. 아무리 공부하거나 생각해도 답은 찾지도 못 하면서 시간만 축이는 지능이 낮은 사람이 된 기분이었다. 이 사실은 나에게 너무나도 충격적인 현실이었다. 나는 어릴 적부터 늘 공부를 잘했고, 수리과학 논술로 연세대학교 생명공학과에 들어왔다. 그런데 내가 멍청해졌다. 내세울 만한 건 '공부 좀 한다' 그것밖에 없는 내가 멍청해졌다니. 난 이제 어떻게 살아야 하지?

기억력도 저하했다. 어제는 뭘 먹었고 뭐했는지, 그저께는 어땠는지 저번 주는 어땠는지. 오늘 나는 뭐했지. 난 기억력이 원래 참 좋아서 친구가 나한테 말할 때 했던 말의 어조, 조사 하나까지 다 기억했었다. 그런데 아무것도 기억이 안 났다. 뭔가 이상했다. 내가 치매에 걸린 줄 알았다.

점점 말도 더듬게 되었다. 원래는 되게 말을 잘 했었다. 말도 빨리 했고 농담하는 것도 좋아하는, 재치 있는 여자아이였다. 근데 이제 친구를 만나도 '어떤 농담을 해야 하지?' '나 뭐라고 대답해야 하지?' '나는 어떻게 말해야 하지?' '보통 이런 상황에서는 어떤 말을 하지?' 이런 생각이 앞섰다.

수면시간이 말도 안 되게 늘었다. 잠을 원래는 9~10시간 잤었다. 이것도 많이 자는 것이었다. 나는 태생이 잠이 많았는데, 현실을 도피하는 마음도 조금 있었다. 그런데 한창 중증 우울증에 시달릴 때에는 잠을 하루 14시간에서 16시간도 잤다. 12시에 잤는데 다음날 오후 4시에 일어나 씻지도 않고 모자를 쓰고 수학학원 알바를 갔다. 사실 중간중간 깼는데 나는 정말 강한 고집이자 일념으로 다시 자려고 했다. 현실이 시궁창 같고 끔찍해서(지금 생각하면 현실은 문제가 없었고 내 정신이 병들었기에 모든 현실이 아팠다) 다시 자고 또

자고 가능한 모든 시간 잠에 들어 있고 싶었다. 몽롱한 잠에 취했다.

아무것도 안 먹다가 수학학원 알바가 끝나고 집에 오면 엄청 매운 떡볶이 하나를 시켜서 다 먹었다. 배가 터질 거 같이 먹었다. 배가 아프기도 했다. 매워서 탈이 나고, 많이 먹은 탓에 배가 많이 나와서 배가 아팠다. 그런데도 나는 그렇게 먹고도 새우깡 한 두 봉지를 먹고 아이스크림까지 먹고 젤리가 있으면 먹고 즉시 쓰러지듯이 잤다. 그렇게 배가 터지도록 먹는 시간이 좋았다. 일종의 자해였을 거다. 지금은 그렇게 절대 못 하는데, 그때는 유일하게 하루 중 살아있다고, 즐겁다고, 맛있다고, 재미있다고, 의미 있다고 생각하는 시간이었다. 당시에는 모르다가 몇 달이 지나고서 깨달았다. 나는 폭식증을 앓았다는 것을. 원래 유지하던 43kg정도의 몸무게는 3개월 만에 10kg넘게 증가했다. 55kg까지 살이 쪘다(나는 키가 작다). 배가 나와서 옷은 모두 다 입지 못 하게 되었고 새 옷을 사야 했다. 늘 말랐던 내 몸이 비정상적으로 늘어났다.

잘 씻지도 않으니 허리까지 오는 긴 머리, 내가 애지중지했던 머리에서 냄새가 났고 자꾸만 엉켰다. 내 머리카락들이 흉물스럽다고 여겨졌다. 나에게는 3일이 하루 같았다. 그래서 사나흘에 한 번 샤워를 했다. 샤워 한번 하는 게 정말 괴로웠다. 깨어있는 시간 대부분을 누워있어서 허리가 망가졌다. 당시 의도적으로 하루 30분 산책을 하지 않으면 허리가 너무 아파서 잠도 잘 못 자게 되었다. 그래서 샤워하느라 잠깐 숙이는 것도 요통으로 괴로웠다. 충동적으로 미용실에 가서 머리를 잘랐다. 단발로 잘랐다. 소중히 하던 머리를 잘라버렸다. 아무 것도 내게 더 이상 소중하지 않다고 선언한 행위였다. 예쁜 머리, 예쁜 옷 이런 건 이제 안 되는 거였다. 내가 직접 내다 버린 소중한 나의 무언가들. 슬펐지만 나는 이렇게라도 날 자해하고 싶었던 것 같기도 하다. 돌이켜보면 나 자신에게 너무 못되게 행동했었다.

온갖 절망감에 절어서 학교를 휴학했다. 면역학은 B를 받았지만 그래도 난 이미 학기를 지나오면서 절망한 상태였다. 이미 현실과 진실과 내 주관을 분간하지 못해서 나는 좋은 회사에 들어가지 못할 쓰레기라는 생각이 내 머릿속을 지배하고 있었기에. B를 받았어도 난 내가 F라도 받은 것처럼 쓰레기가 된 기분이었다. 더 이상 공부를 할 수 있는 머리 상태가 아닌 거 같아서 학교를 한 학기 휴학했다. 이 증상들은 누가 봐도 '중증 우울증'이었다. 아마 늘 우울한 감정을 달고 살았던 나는 원래도 우울증에 걸려 있었을 것이다. 이쯤 더욱 심해졌을 뿐이다. 휴학하고 내 삶을 돌아보고 회복하고 나아가고 싶었다. 이렇게 지독하게 우울할 때에도 나는 살고 싶었다. 내가 다시 과거 멀쩡했을 때로 돌아가기를 바랐다. 지금 생각하면 내가 참 대견하다. 나는 멈추었고 진실을 마주했다. 내 상태를 인정했다. 나는 안 된다는 것. 나는 멍청해졌다는 것. 샤워하고 밥 먹는 거 기본적인 것도 망가진 성인이 되었다는 것. 나는 전처럼 공부를 잘하지 못 한다는 것. 말이나 더듬으면서 전처럼 웃긴 농담도 못 한다는 거. 난 이제 예쁘다는 소리는 못 듣는 사람이 되었다는 것. 이 모든 사실들을 인정하고 마주했다.

한의원에 가다

엄마한테 내가 우울증인 것 같다고 말했다. 그러자 날 유명한 한의원에 데려가서 침을 맞고 부황을 뜨게 만들었다. "동양의학도 정신병 다 다룬다"라고 하면서 손목에 침을 놔

주는 한의사 선생님한테 데려간 것이다. 한의사 선생님은 나에게 우울을 치료하기 좋은 에너지와 주파수가 맞는 노래를 추천해줬다. 그리고는 이 노래들을 내 메일 계정으로 보냈다. 또, 장이 안 좋아서 우울한 것이라고 조언해줬다. 장 개선용 한약을 만들기 위해 한참을 한약제를 골랐다. 나를 눕혀놓고 내 배 위에 한약제로 사용되는 마른 식물을 올려두었다. 컴퓨터 화면에 출력되는 일반물리 실험 때 자주 다룬 진동하는 주파수 같은 그래프를 보시고는 한약 재료로 사용할지 말지를 결정하셨다. 이 모든 과정이 혼란스러웠다. 그리고 납득할 수가 없어서 정신병이 더 심해질 것 같은 불안감에 시달렸다.

엄마가 나를 정신과가 아닌 한의원에 데려간 이유는 아주 간단하다. 엄마는 정신과 약은 마약과 동일하다고 생각했고 우울증 증상은 정신력으로 이겨낼 수 있다고 믿었다. 글쎄, 이런 말을 하는 사람 중에 문자 그대로 '마약'이 무엇인지, '정신력'이 무엇인지 명확히 아는 사람은 드물다고 생각한다. 도대체가 너무나도 모호하다. 정신력으로 이겨내라는 말이 도대체가 무슨 뜻인가? 이처럼 무책임한 말이 또 있는가? 포도 주스의 뚜껑이 안 열리자 더 세게 열어보라고 하는 것과 무슨 차이일까? 정신이 아프니 정신이 안 아프라고 말하는 것이 정신력으로 이겨내라는 말과 무엇이 다른지 나는 모르겠다. 엄마는 정신과 방문을 망설이지 말라는 인터넷 글은 정신과 의사들이 돈을 벌기 위한 상술이라고 했다. 그러면 한의원에서도 우울증을 다루니 한의원에서 우울증에 좋은 한약을 처방해가라는 인터넷 글은 왜 상술이 아닌 걸까? 나는 이해할 수가 없었다.

한국 사회에서는 아직도 정신 질환에 대한 인식이 좋지 않다. 인식이 안 좋은 수준을 넘어서 우울증을 적절히 치료하기 어렵도록 만드는 구체적인 길이 존재하는 수준이다. 우리 엄마도 그 길을 따라서 한의원에 데려가 주파수 맞는 음악과 주파수 맞는 한약제로 만든 한약을 처방받게 했다. 특히나 '정신력'을 좋아하는 사람들은 우울증에 걸렸다고 하면 이 사회에서는 도태되어야 할 퇴물 취급하거나 정신력 약한 바보로 취급하는 거 같다. 멀리 갈 것 없이 가까운 사람들도 자주 그런다. 바로 곁에서 가족 구성원이라는 이름으로 조언하는 어떤 타인, 친구라는 이름으로 조언하는 어떤 타인. 이런 우리나라의 실정은 우울증에 걸린 사람으로 하여금 '나는 우울증이 아니다'라고 단정 짓게 만들며 사실상 진실을 마주하기 어렵게 하는 것이다. 우울증인 사람은 우울증이 아니라는 것을 스스로에게 세뇌해서 어떤 유익을 얻었는가? 우울증이 아니라는 거짓말을 진실인 양 믿게 만들어 정신병을 더심하게 만든다. 적절한 치료가 필요할 때에 치료시기를 미루게 하며 적절한 치료를 봉쇄한다. 거짓말과 진실을 구분하지못 하게 되는 상황에 다다르면 정신병이 시작된다. 진실을마주하고 인정하고 받아들여야 그 어려운 상황에서 내가 해야 할 일이 무엇인지 명확히 인식 가능하며 실행하기 시작했을 때 회복이 시작된다.

2장

우울보다 앞서 걷기 위해서

인정하는 수밖에

　나는 우울증이 극심해져서 결국에는 말을 더듬고, 잠을 13시간씩 자며, 혼자서 3-4인분을 한 번에 욱여넣고, 기억력이 너무 안 좋아지고, 시간이 기이할 정도로 빨리 지나가는 상황에 다다라서야 내가 중증우울증임을 인정하게 되었고 받아들이게 되었다. 마찬가지로 전과 같이 날 내버려두는 것이 틀렸다는 것을 받아들이게 되었다. 그와 동시에 내가 원하는 대로만 세상을 살 수는 없다는 것을 알았다. 늘 똑똑하다고 생각한 나도 멍청할 수 있다는 것을 알았다. 나는 무조건 대기업을 들어가리라 생각했던 그 오만함을 인식했다. 대충 대충 비비면서 세상을 살 수는 없다는 것도 알게 되었다. 즉 나는 크게 두 가지를 인정하게 된 것이다. 첫째, 산다는 건 본디 고통 그 자체라는 것. 둘째, 그 세상 속의 주인공은 내가 아니며 나는 작은 존재라는 것. 이런 사실들을 나는 회피하며 살아왔고 도망치며 살아왔다. 하지만 지금 아는 것은, 도망칠수록 내 몸이 망가진다는 것이다. 그리고 세상 그 누구도 저 참혹한 사실에서 벗어날 수 없다는 것을 알았다. 사실을 인정하기 싫었던, 자존심이 셌던, 고집쟁이였던 나는 더 이상 물러설 곳이 없다는 것을 알게 되어서야 내 고집을 내려놓고 겸허하게 노력하며 살 수 있었던 것이다. 당시에는 내가 지키고 고수하던 내 고집을 포기한다는 것이 상당히 자존심이 상하는 일이었다. 또한 내가 틀렸다는 사실에 직면하는 일은 상당히 고통스러운 일이었다. 하지만 몇 년이 지난 지금의 내가 그때의 나에게 하고 싶은 말이 있다면 기꺼이 그 고통을 감수하라는 말이다. 자신을 내려놓는 그 고통을 먼저 감당하는 사람은, 게다가 20대 때 이 과정을 겪는 사람은 현저히 적다. 어쩌면 나는 행운아였던 것이다. 나를 포기한다는 것은 더 나은 나를 얻는 과정이다. 우리는 절대 인생을 파괴하기 위해서나 내게 중요한 것을 잃기만 하기 위해 포기하지 않는다. 마찬가지로, 우리는 절대 내 인생을 방치하고 내버려 두기 위해서나 망치기 위해 포기하는 것이 아니다. 우리는 꼭 무언가 우리에게 유익한 것을 더 얻기 위해 포기한다. 그렇지 않으면 우리가 스스로 고수하는 무언가를 포기할 이유는 무엇인가? 나를 발목 잡는 인식들을 비워냈을 때 비로소 진정 나에게 건강하며 유익함을 주는 새로운 인식이 채워지고 회복이 시작되며 성장은 가속된다.

이 사실을 20대 때에 알게 된 나는 정말 행운아이며 신의 사랑을 받는 인간이라고 생각한다. 정말 이제는 인생에서 중요한 가치를 알게 되었다. 학교에서도 배울 수 없는, 부모님에게서도 배울 수 없는 좋은 가치를 손에 쥐게 되었다. 이 책을 읽고 진정 성장할 수 있는 영감을 얻은 사람들도 그러하다고 생각한다. 그러니까 이 기회를 절대 놓치지 말았으면 좋겠다. 우리가 비워내고 성장할 수 있는 기회이자 기존의 거짓말을 포기하고 진실을 선택하여 회복할 기회 말이다! 이 사실은 신기하게도 우울증을 극복하는 데에만 적용되지 않는다. 우울증 뿐 아니라 다른 세상사에도 적용되는 것이다. 우선, 우울증 극복 과정에서 얻게 되는 인간성과 세상살이 기술들은 눈앞의 여러 가지 일들에 대한 마음가짐을 준비시

켜준다. 사는 데 필요한 처세술이나 요령까지도 늘려주는 것이다. 당연하게도 사업, 인간 관계, 마음가짐, 몸가짐, 생활습관 등 인생 전반에 긍정적인 영향을 미친다. 마찬가지로 자녀 훈육에도 올바르게 우울증을 극복하는 좋은 방법을 소개해주고 이행할 수 있도록 격려하며 돕는 것이 공부를 잘하는 자녀로 키우는 것보다 중요하다는 것을 알았다. 여전히 안타까운 사실은 아직 이 사실을 모르는 어른들이 많다는 것이다. 자녀가 공부를 잘하는 것보다 올바르고 씩씩하고 건강하게 크는 것이 중요하다고 말하면서도, 사실은 그 반대로 생각하고 있는 사람들 말이다.

내려놓아야만 했던 것

아이를 키우다가 아이를 포기하는 건 정말 무책임한 일이다. 나 자신을 가꾸고 청결하게 유지하는 행위와 노력을 포기하는 것은 정말 스스로에게 너무한 일이다. 연인과의 관계를 포기해 버리는 것도 신뢰를 내팽개치는 일이며 연인에게 크나큰 상처를 주는 일이다. 하지만 나는 우울증을 회복하기 위해서는 무언가를 포기해야 했다고 말했다. 구체적으로 무엇을 포기해야만 했는지를 확실하게 규명해야 한다고 생각한다. 포기는 보통 안 좋은 의미로 쓰인다. 도전하는 것을 포기하다. 이런 말로 쓰이는 게 보통이다. 하지만 그것 말고도 좋은 의미의 포기도 있다. 나는 좋은 의미의 포기를 말하고 싶다. 그리고 미리 말하지만 포기하는 이유는 더 많은 유익한 것을 얻기 위함이다.

1) 내가 똑똑해야만 한다는 강박을 포기했다

나는 일평생 내가 똑똑한 사람이기를 바랐다(그다지 오래 산 것도 아니지만). 초등학생 때 나는 시험 과목 평균 점수가 90점에 못 미치면 엄마에게 맞았다. 중학교 때 수학은 100점 받고 국어 70점을 받은 적이 있는데, 엄마는 국어를 왜 못 봤냐고 나를 혼냈다. 나는 철저히 내가 잘못한다고 생각했고 언제나 참회의 심정으로 공부를 했다. 사랑받기 위해, 맞지 않기 위해 공부했다. 공부를 못하는 나는 쓸모가 없는 짐짝이 될 거라고 생각했다.

우리나라는 학벌주의 사회다. 인생의 다른 가치들을 포기해서라도 공부만은 잘해야 한다는 신념이 암묵적으로 깔려 있다고 생각한다. 그런데 대학을 졸업하고 세상을 바라보니 정신적으로 건강하게 살면서 만족하며 사는 사람들은 공부를 잘하는 사람들이 아니었다. '삶을 살 줄 아는 사람들'이 진정 삶을 제대로 산다. 나는 공부라는 족쇄 때문에 자유를 박탈당하고 공부를 못 하는 것은 죄라는 족쇄를 달고 살았었던 것이다. 잘하고 싶었던 면역학에서 B를 받았던 것을 계기로 휴학하고 진정 고민해본 후 얻어낸 큰 수확은 다음과 같다. '못하면 못 하는 대로 나를 필요로 하는 곳에서 일 하게 될 거야. 걱정 안 해도 돼. 할 수 있는 만큼 최선을 다 해.' 이 결론에 다다르기까지 5개월은 족히 걸렸다. 그리고 그 과정에서 도움이 되었던 분은 우리 학교 상담센터에서 날 상담해주시던 상담 선생님이다. 선생님에게서 1년이 넘는 시간 동안 상담을 받았다. 괜찮아지다가도 몰아치는 우울감 때문에 다시 급하게 상담신청을 했다. 상담 시간이 시작되자 선생님은 언제나처럼 따끈한 차를 머그잔에 준비하시고 인자한 얼굴로 상담을 진행하셨다. 나는 고해성사를 하듯 면역학을 공부하다가 느꼈던 두려운 생각에 대해 털어놓았다. 나는 쓸모 없는 사람이라는 것. 나는 대기업엔 갈 수 없을 것이고 나는 유능한 연구원이 될 수 없다는 것. 이 사실들이 24시간 나를 따라오며 내 머릿속을 괴롭힌다는 것. 선생님은 가볍게 웃으며 말씀하셨다. 비웃는 웃음이 아니라 여유로운 미소였다.

"이레양, 걱정하지 말아요. 이 학교에서 학사경고를 받은 학생들이 의무적으로 이 상담센터에서 상담을 받게 되어 있어요. 공부 잘하는 연세대학교 학생들도 여러번 좋지 못한 성적이 누적되어 학사경고를 받는데요, 제가 상담했던 수많은 학사경고를 받았던 학생들이 지금은 멀쩡하게 사회에서 자신의 역할을 다하고 있답니다? 이레양이 못하면 못하는대로 이레양의 자리가 분명 사회에 있습니다. 제가 봤을 때, 이레양은 우리 사회의 미래예요. 중요한 인재인 것이죠. 이건 단순히 학점이 좋다, 안 좋다와는 관계가 없습니다. 이레양의 자리에서 최선을 다하면 되는 것이에요."

중소기업을 가도 괜찮다는 말. 이 말이 나의 숨통을 트여주었다. 그와 동시에 대기업이 아닌 회사에서 일하는 미래의 나를 숭고하게 만들어주는 말 같았다. 선생님은 무슨 마법사 같았다. 또, 내 족쇄를 철컥철컥 끊어내시는 여유로운 전사 같았다. 너무나도 손쉽게 내 일평생 어깨에 지어졌던 짐을 바닥에 끌어내리셨다. 나는 '선생님이 내 엄마였다면 얼마나 좋았을까?' 이런 상상을 많이 했었다. 선생님! 이제는 제가 사람들의 족쇄를 끊을게요. 억지로 지었던 짐은 버려두고 가볍게 갈 길을 묵묵히 가도록 할 거예요!

나는 결국 포기했다. 공부를 잘하는 아이라는 그런 타이틀 그런 건 포기했다. 언제나 엄마, 아빠가 자신들의 지인에게 '우리 딸이 연세대를 다니는데' 이런 말을 하는 것의 만족함을 포기 했다. 그런 거짓 사랑은 포기했다. 편해 보이는, 맞다고 믿어온 내 의무를 포기했다. 나는 공부 좀 못하는 애가 되기로 했다. 나는 학점을 A도 받고 B도 받고 C도 받고 D도 받는 사람이 되어야겠다고 생각했다. 대신 정직하기로 했다. 정직하게 나름대로 노력했는가? 나름대로 시간 투자를 했고, 나름의 정성을 보였는가? 좋아하는 과목은 좋아한다고 생각했고 싫어하는 과목은 억지로 날 밀어 넣지 않았다. 나 자신에게 정직했다. B를 받든 C를 받든 아 이거는 나랑 관계없는 그냥 알파벳이야. 내가 최선을 다했고 열심히 했다면 결과는 내가 어쩔 수 있는 게 아니야. 내 머리나 시간 투자는 여기까지야. 이렇게 인정하게 되었다. 아이러니한 건, 이렇게 생각하고 공부를 하니 4학년 때는 어느 때보다 성적이 좋아졌다. 포기함으로써 얻는 것이 있다. 잘하려고 했다기보다는 그냥 정직하게 내가 못 하는 건 못한다고 스스로에게 말해주었고 잘하는 건 충분히 즐겼다. 스트레스는 적어졌는데 성적은 좀 더 좋아지는 신기한 해프닝이었다. 지금 생각해보면 나는 나를 책임지기 시작했던 거 같다. 공부해야 한다는 압박감에 대가를 치르듯 괴로워하기 보다는 마땅히 해야 할 과업인 공부를 하는 대학생인 나를 책임지기 위해 성적은 덜 신경 쓰고 시간을 들여서 공부를 한 것이다.

2) 침대가 좋다는 생각을 포기했다

잠을 자는 시간을 좋아했다. 있는 힘껏 잠을 잤다. 잠에서 깨면 분노가 일었고 기분이 안 좋았다. 아침에 일찍 일어나 억지로 학교에 가야만 한다는 사실이 정말 싫었다. 납득할 수가 없었다. 왜 인간은 아침에 졸려도 일어나서 생활해야 하지? 이상한 쪽으로 고집이 센 나였다. 지각을 밥 먹듯이 했다. 그게 잘못이라는 자각도 별로 없었다. 왜 그랬을까? 내가 바라는 대로 살아가던 삶이 아니었기 때문일 테다. 하고 싶은 공부도 아니었고, 미래에 어떤 직업을 가질지 생각해 보아도 열정이 샘솟지 않았기 때문이다. 일어나면 괴롭거나 하기 싫은 일 투성이었기 때문이다. 사람들 만나는 것도 지치고 공부도 싫고 엄마도 싫고 세상도 싫었다. 오직 침대 속만

이 안락했다. 우울증이 심해질수록 잠으로 도피하려는 생각이 더 강해졌다. 수면을 유도한다는 유튜브 영상을 보고 또보며 계속해서 잠에 취했다.

결국 사단이 났다. 허리가 너무 안 좋아졌다. 신발을 신으려고 허리를 굽히면 통증이 몰려왔다. 기침할 때도 그랬다. 어떤 날은 걷지도 못 할 만큼 허리가 아팠다. 검색해 보니 디스크 관련 문제일 가능성이 높다고 했다. 엉엉 울면서 친구에게 전화했다. "나 하반신 마비되면 어떡하지? 디스크 터지면 어떡해. 그때도 내 친구가 되어줄 거야?" 이런 말을 하며막 울었다. 겁도 많지. 그러면서 왜 그리도 내 몸을 방치했을까. 도피적인 내 태도에 몸이 대가를 치르고 만 거다.

이후로 나는 침대에서 보내는 시간을 강제로 제한해야 했다. 그렇지 않으면 허리 수술을 해야 하는 날짜를 앞당기는 꼴이 되어버리기 때문이다. 하루 30분 산책을 꼭 하게 되었다. 나를 돌보지 않으면 꼭 정말 큰일나는 지경까지 와서 (이미 많은 것을 손해 본 후) 좋든 싫든 강제적으로 행동하게 된다.

난 결국 허리가 안 좋아지고 나서야 뼈저리게 깨달았다. **세상은 원래 일어나기 싫어도 일어나야 한다고. 내가 침대에 종일 있고 싶다고 해서 정말 그러면 안 된다고. 마땅히 느껴**

야 할 고통을 피하면 대가를 치르게 된다고. 아침에 일어나는 것과 억지로 산책을 나가는 것은 분명 고통이었지만 내게 유익했다.

요즘 SNS 속에서는 '침대가 제일 좋아', '이불 밖은 위험해' 같은 유머가 많이 떠돈다. 어린이도, 어른도 이런 콘텐츠를 보고 피식 웃는다. 그러면서 생각하게 된다. '그래 사람들 사는 거 다 똑같아' 하지만 우울증을 앓고 있다면 아무것도 안 하고 침대에 누워 있는 시간을 경계해야 한다. 우울증 환자에겐 정말 죽느냐 사느냐가 달린 문제다. 우리는 좋든 싫든 이 생을 살아야 한다. 스스로를 돌보아야 한다. 이 사실에서는 아무도 도망갈 수 없다. 자신의 시간과 몸을 기꺼이 책임지자. 이것 말고 뾰족한 수는 없다.

용납받지 않는 우울일지라도

아직도 우리나라에서는 우울증에 대한 인식이 좋지 않다. 간혹 부모조차 그걸 인정하지 않고 보살펴주지 않고 한심하게 여긴다. 우리 엄마는 우울증인 나를 비난했다. 나 같은 괴물이 딸이라 창피하다고, 평생 마약 같은 정신과 약을 먹으며 방구석에나 살라고 저주했다.

많은 이가 그러하겠지만, 어릴 적부터 나는 늘 엄마가 옳다고 생각하며 자랐다. 장녀인 내게 태어나자마자 존재한 인간이 엄마와 아빠뿐이었기 때문이다. 영유아기를 지나 청소년기까지 엄마가 절대적으로 옳다고 믿어왔다. **나중에서야 깨달았지만, 부모가 모든 상황에서 자식을 사랑하고 '부모답게' 행동할 거란 건 잘못된 믿음이었다. 어쩌면 나쁜 종교와도 같았다. 나는 이 사실을 받아들이기가 고통스러웠다.** 이 사실들을 받아들인다는 것은 남들은 부모가 해주는 것들을 더 이상 받을 수 없고 내가 직접 해야 한다는 것을 의미하기 때문이었다. 또, 내게는 부모 복이 영 꽝이었다는 걸 의미하기도 한다. 내가 불행하다는 것을 인정하는 꼴이다. 지금껏 엄마와 잘 지내려고 어버이날에 돈이 담긴 봉투와 카네이션 그림을 주었던 것, 아픈 동생과 주말마다 역에서 시간을 보내려고 노력한 것, 엄마에게 꽃을 사준 것, 엄마가 내 명의로 돈을 연체시켜도 좋은 말로 대화했던 것. 이 모든 노력들이 허사로 돌아가서 나는 정신병이 극심해지는 것을 느꼈다. '홧병'이라는 말 말고는 설명할 수 없는 분노가 치솟았다.

하지만 내 부모가 이렇다는 것. 내 부모는 나를 저주한다는 것. 이것을 인정할 때에 회복과 치료가 시작된다고 한다. 나는 이 사실들을 인정했고 그때서야 비로소 혼자서라도 이제 나는 무엇을 할 수 있는가에 대한 생각을 시작하게 되었다. 이때에도 도움을 준 건 역시 학교 상담 센터에서 상담해 준 선생님이었다. 엄마가 날 저주했을 때 즉시 선생님께 메일을 보냈다. 지금 너무 긴급하게 힘든 일이 생겨서 정신이 나갈 것 같다고 도움을 청한 거다. 선생님은 업무 시간도 아닌데 전화를 주셨다. 당시 나는 울면서 수학학원 아르바이트를 가는 버스 안이었다. 자초지종을 설명했더니 선생님께서는 이렇게 말하셨다. 이날 선생님의 말씀은 또 한 번 내 족쇄를 풀었다. 나는 이 말씀으로 자유로워졌다.

"선생님, 제가 지금 학원 아르바이트를 가고 있어요. 그런데 선생님, 저 정말 엄마 말처럼 방에 처박힌 정신병자로 사는 걸까요? 제가 우울증이 있고 우울증약을 먹는 게 엄마가 저렇게나 저를 미워해야 하는 일일까요? 저는 무너질 것 같고 도통 어떡해야 할지 갈피를 못 잡겠어요. 제가 이 상태로 아르바이트를 하고 올 수 있을까요? 너무 두렵고 슬퍼요." 나의 고백에 선생님이 대답했다.

"이레양, 마음속에는 검은 늑대와 하얀 늑대가 살아요. 검은 늑대와 하얀 늑대는 몹시 배가 고파요. 둘 중 밥을 많이 준 늑대가 몸집이 커질 거예요. 이레양, 누구에게 먹이를 줄 건가요? 지금처럼 엄마의 말을 듣고 검은 늑대에게 먹이를 주면 안 돼요. 이레양의 어머니 말은 믿지 마요. 그건 어머님 생각일 뿐입니다. 이레양의 어머니가 그렇게 말했다고 이레양의 인생이 그렇게 되는 것이 아니에요. 이레양이 어떤 인생을 살게 될는지는 이레양이 먹이를 주는 늑대에 달린 것이에요. 이레양이 어때서요? 내가 볼 때 이레양은 우리나라에서 꼭 필요한 인재고 강한 사람입니다. 아르바이트 잘 다녀올 수 있어요. 앞으로는 하얀 늑대에게 먹이를 주도록 해요. 그러면 검은 늑대가 힘이 없어져 이레양이 절망하는 일은 줄어들 거예요."

나는 다른 친구들이 나를 욕해도 신경 쓰지 않는 사람이었다. 하지만 엄마가 하는 말은 다르게 다가왔다. 엄마가 폭언을 하면 가슴이 너무 아팠다. 엄마라는 사람이 나를 저주하는 게 믿기지 않았다. 나는 엄마에게 속박된 사람이었던 것이다. 상담 선생님께서는 마치 마법사 같았다. 그날 통화로 나에게 마법을 걸어 속박의 사슬을 잘라내셨다. 그날 눈물을 흘리며 수학학원 아르바이트를 가는 도중 중요한 사실을 깨달았다. 그리고 나서 나는 눈물을 멈추었다.

선택권은 나에게 있다는 사실

선생님과의 상담은 24살의 나에게 중요한 사실 두 가지 교훈을 남겼다. **모든 것은 선택이라는 것. 언제든 아무쪼록 잘 지내라는 것. 잘 지내는 것보다 좋은 건 없다는 것. 그 어떤 사회적 성공보다도.** 맞는 말이다. 내 인생은 나의 선택이다. 우리 엄마는 보편의 엄마처럼 자식에게 친절한 사람이 아니어도 남은 내 인생이 불행할 필요는 없는 것이다. 그래야 하는 이유는 없다. 내가 그렇지 않기를 선택하면 내 남은 인생은 전처럼 비참하지 않아도 되는 것이다. 내가 어떤 생각을 할지 선택하고 내가 어떤 인생을 살지 선택하면 되는 것이었다. 가정폭력 가정이라는 낙인이 찍혀서 남은 내 인생은 절대 행복하지 않을 것이라고 나는 믿었던 것이다. 이건 내가 믿기로 선택한 믿음이다. 내가 엄마와 잘 지내려는 노력을 했음에도 불구하고 잘 되지 않았다고 해서 남은 인생도 답이 없는 건 아니라는 것도 알았다. 그냥 잘 안 된 거지. 그거 때문에 남은 인생까지 내팽겨칠 필요는 없다. 그렇지 않도록 선택하면 되는 것이다. 내게 선택권이 있다는 깨달음은 나에게 적잖은 충격을 주었다. 엄마가 나를 정신병자에 능력 없는 애라는 식으로 매도해도 그건 내가 믿지 않기로 선택하면 그만이고 나는 내 인생을 행복하게 만들 수 있는 선택을 할 수 있다는 것이다.

결국, 집을 나왔다

"근데 왜 아직도 거기에 살아?" 이 말을 듣고 나는 다음 날 바로 아르바이트를 새로 알아봤다. 그 동안은 수학학원이나 수학과외만 했는데, 마음이 급해졌다. 그리고 학원이나 과외도 너무 오래 해서 나름의 복병이 있었다. 새로운 시작을 기념하며 새로운 아르바이트를 해보고 싶은 생각에 카레음식점과 동네 편의점 아르바이트에 지원했다. 결국 연락이 온 편의점에서 일하게 되었다. 대학교를 다니면서 학교가 끝나면 과외나 학원에서 아르바이트를 했고 그게 끝나면 시험 공부를 했다. 그리고 주말에는 편의점에서 아르바이트를 했다. 이렇게 사니까 정말 바쁘고 힘들었다. 무엇보다 밤 12시까지 피곤함을 이기고 계산대에 서 있는 것이 힘들었다. 원래 나는 체력이 안 좋아서 몸으로 하는 아르바이트는 할 수 없다고 단정 지었었는데, 이때는 그 규칙을 깼다. 나에게 늘 편안함만을 제공하려고 하는 나 자신 때문에, 그동안 이렇게 변명만 하는 나 때문에 대학교 4학년까지 엄마랑 살면서 불평했던 거라는 생각이 들었다. 이제는 나에게 혹독해야겠다고 생각했다.

사실, 이모 말은 무게가 달랐다. 이모는 디자이너인데, 도매 브랜드를 만들어 사장이 되기 전까지 혼자 서울에 올라가서 찜질방에서 버틴 시절도 있었고 반지하 같은 방에서 악착같이 돈 아끼며 일을 했던 시절도 있었기 때문이다. 돈이 없어서 살고 싶지 않은 언니랑 같이 살면서 담배를 배우기도 했다. 이 때 배운 담배를 끊기가 어려웠다고 한다. 이모는 자신의 세상이 늘 이렇게 각박했고, 홀로 서는 과정에서 정말 춥고 어려운 시간이 많았다고 했다. 이런 경험이 있는 이모가 내게 "세상은 원래 가혹하고 원하는 것만 하면서는 원하는 대로 살 수 없다"라고 말을 하니, 나는 정신이 갑자기 확

차려졌다. 어쩌면 난 내가 공주인 줄 알았던 것 같다. 그렇다면, 이때 공주병이 치료되었나 보다. 이렇게 마지막 학년을 편의점 아르바이트, 과외, 학원 아르바이트로 돈을 벌며 시간을 보냈다. 잘 만나던 친구도 안 만났고, 여행도 안 갔고, 비싼 옷을 사지도 않았으며, 쉽게 택시를 타지도 않았다. 원룸의 보증금을 모으기 위해서였다. 졸업을 하고 나서 독립할 수 있게 되었다. 여름에 졸업했는데, 그 여름에 독립을 시작했다. 집에 있는 마지막 날에도 엄마는 나한테 소리쳤다.

"너만 없으면 우리집이 행복해."

의외로 집을 알아보는 것은 정말 쉬웠다. 처음엔 정말 막연하고 걱정됐는데, 내가 살고자 하는 곳 근처의 부동산에 전화해서 집을 보고 싶다고 말하는 게 시작이었다. 그 후 시간 약속을 한 뒤 부동산 중개인 분과 방을 5개 정도 보았다. 물론 낡은 집이 많은 곳이라 새로운 신축이 아니었다. 그래도 나는 괜찮았다. 친한 언니는 나에게 이렇게 조언해주었다.

"어차피 집은 깨끗이 치우고 살면 다 깨끗해, 이게 더 중요해."

친한 언니는 혼자 타지에서 살던 시간이 길었다. 중국에서 대학교를 4년 동안 다녔기 때문이다. 그런 언니이기 때문에 조언을 깊이 받아들였다. 본 방 중에서 월세에 비해 크기가 다른 방에 비해 조금 큰 편이며, 집주인 아저씨께서 깔끔하게 새로 도배해 두시고 청소해 두신 집으로 결정했다. 집을 보러 서울에 간 날에 바로 결정한 것이다. 그날 계약금을 집주인 아저씨네 계좌로 입금했다. 그리고 1~2주가 지난 뒤 이사했다. 이사하고는 계약금을 제외한 보증금 모두를 입금하고 부동산 중개비를 입금했다. 아주 간단했다. 내가 생각한 것보다 훨씬 간단했다. 이전까지 나는 독립을 무섭고 무겁게만 받아들이고 있었다. 부동산 사기를 당하면 어쩌나, 집을 나가면 혼자 월세를 어떻게 감당하나, 이사는 어떻게 하나 등등 수없이 많은 걱정이 앞섰기 때문이다. 하지만 실제로 해 보니 하루 만에 집을 보고 하루 만에 살 곳을 결정하고 하루 만에 이사했다.

허무할 정도로 나는 갑자기 자유로워졌다. 나만의 공간이 생기니 정말 행복했다. 이제는 내가 쉴 수 있는 곳이 있고 돌아갈 수 있는 진짜 내 집이 생겨서 행복했다. 내가 경험한 지난 과거가 모두 아득한 꿈이라고 여겨질 만큼 혼자 살게 된 뒤의 삶은 너무나도 쾌적했다. 가끔 우울이 수면 위로 올라오기도 했지만, 나는 날 책임지고 매일 돌보았다. 어제 할 일을 못 하면 내일 했다. 이렇게 혼자 점점 강해졌다. 전에는 취직 준비도 할 수 없었던 것이 집에서 늘 우울하고 엄마와의 마찰로 기분이 시궁창 같은 상태였기 때문이었다. 도저히 뭔가에 집중하기가 어려운 상황이었던 것이다. 늘 위험 가운데 나를 노출시켜 두었다. 독립한 뒤로는 세상이 이렇게 평화롭나 싶을 정도로 조용했고 오직 취직 준비와 쉼에 깊이 집중할 수 있었다.

나는 집에서 살기 싫고 홀로 서고 싶은 사람들에게, 처절하고 꾸준하고 빠르게 독립 준비를 시작하라고 권하고 싶다. 그때 힘든 것은 돌아보면 잠깐인데 독립한 뒤 쾌적한 삶을 사는 것은 정말 길기 때문이다. 보증금과 월세만 준비되면 독립은 정말 빠르게 할 수 있으니까 부차적인 자잘한 걱정이 문제라고 착각하지 않았으면 좋겠다.

처음 독립 결심을 하면 당장 뭐부터 시작할지 막막할 것이다. 이때 추천하는 것은, 내가 살고 싶은 지역 정하기이다. 그 후 그 지역의 평균 보증금, 월세 가격을 알아보는 것이다. 머릿속으로 '독립해야지 해야지' 생각만 한다고 이루어지지 않는다. 실제로 어디에 갈 것인지 시각화하고 정하며 마련해야 할 돈의 금액을 머릿속에 입력해야 한다. 다음에는 어떤

일을 통해 어떻게 돈을 벌 것인지를 생각해야 한다. 그 다음
에는 그 장소에 가서 실행해야 한다. 생각만 하지 말고 실제
로 행동하기! 이것이 독립할 수 있는, 나아가 무언가를 이룰
수 있는 좋은 방법이라고 생각한다. 독립을 고민하는 많은 사
람이 내 글을 읽고 진정 독립을 일구어 내었으면 좋겠다. 그
렇게, 진정한 자유를 거머쥔다면 나는 마음 깊이 기쁘겠다.

3장

부정적 감정과
트라우마를 대하는 방법

3)

분노, 우울, 열등감의 쓸모

우울증에 걸리면 힘겨운 감정을 마주하게 된다. 나또한 그랬다. 그 동안의 감정은 즐거움, 슬픔, 서운함, 기쁨, 지루함 이런 류의 감정이었다면, 우울증에 걸리면 감정이 굉장히 단조로워진다. 단조로워지기 전까지는 피폐한 감정을 더 많이 경험하게 된다. 훗날에도 떠올리기 힘든 시간은 주로 우울증의 계기가 된다. 분노와 절망이라는 감정을 그 어느 때보다 많이 느낄 때, 올바르게 대처하지 않으면 우울증으로 번지게 되는 것이다. 우울증에 이미 들어선 사람들은 우울의 계기가 된 그 부정적 분노나 절망이라는 감정이 나빴다는 생각을 하기 쉬운 것 같다. 하지만 인간에게 감정은 필요하다. 그 감정으로 지금부터 어느 쪽의 길을 갈지 더듬어 정할 수 있기 때문이다. 감정이 촉발되지 않으면 인간은 무감정인데 무감정에서는 어떤 진취적인 행동을 취하기 어렵기 때문이다. 이런 의미에서 모든 감정은 필요하다. 감정은 절대 의미 없이 일어나지 않는다. 감정과 그로 인한 현상은 아주 좋은 신호이다. 왜냐하면 무언가 잘못되거나 삐걱대는 과거에 의해 발생하고, 그로 인해 나타난 현상이기 때문이다. 뜨거운 냄비에 손을 데면 논리적으로 생각할 겨를도 없이 '아! 뜨거워!' 라고 소리치며 눈살을 찌푸리기도 하며 그 뜨거운 냄비를 두려워하며 다음부터는 부엌에서 더욱 조심스럽게 행동하게 된다. 이렇듯, 상황은 우리에게 감정을 촉발하고 그 감정은 우리가 앞으로 어떻게 살아갈지 선택할 기회를 준다. 감정은 정말 확실하면서도 강제적인 기회를 알려준다. 감정이 힘든 것은, 선택할 기회가 힘들어서가 아니라 그 선택할 기회가 강제적으로 찾아오기 때문에 그렇다. 뭔가를 선택할 때는 때론 용기가 필요하기 때문이다. 선택할 기회. 지금 이 감정이 들 때 너는 어떤 선택을 할 거야? 우울이라는 이 현상을 어떻게 해결할 거야? 앞으로는 어떻게 살 거야? 너는 무엇을 버리고 무엇을 택하면서 살 거야? 선택의 기로에 놓이게 되는 것이다. 이 기회를 놓치면 안 된다. 대학 입시보다도 더 간절하게 헤쳐나가야 한다. 이건 단언할 수 있다. 대학 입시보다 아주 부정적인 감정과 현상을 발견하고 인식했을 때 내가 어떤 선택을 할 것인지 고려하는 그 시간이 더 중요하다. 대학 입시는 생사와 관계가 없다. 달리기 결과가 1등인지, 2등인지, 3등인지 하는 그런 등수의 문제이다. 하지만 분노와 우울과 열등감 이런 감정과 현상에 대한 문제는 죽느냐 사느냐 그 문제가 달려있다. 현대 사회 많은 사람은 이를 반대로 생각한다. 특히 기성세대가 그렇다. 정작 죽느냐 사느냐에 관한 문제는 문제도 아니라는 듯이 얼버무린다. 걱정해주는 척 조언한다. "그냥 정신력으로 이겨내"라고. 죽고 사는 문제보다 앞서는 순위가 자녀의 학벌, 출세, 취직이다. 그런데, 그런 건 언제든 다시 시작하고 타개할 수 있는 문제다. 20대든 30대든 40대든 50대든 말이다. 하지만 분노, 우울, 열등감 이런 쪽의 감정과 현상은 사람을 죽일 수 있는, 20대에서 생을 마감해버릴 수 있는 그런 위험한 인자다. 나는 우리 40, 50, 60 부모들이 이 책을 본다면 제발 삶에서 진정 중요한 것이 무엇인지 우선순위는 어때야 하는지 다시 생각해

본다면 좋겠다. 그리고 이 책을 읽는 2030 자녀들은 더 이상 부모가 말하는, 사회가 말하는 뒤틀린 우선순위를 폐기하고 진정 신중하게 이 상황을 타개하려고 노력했으면 좋겠다(내가 경험한 우울증 극복 방안들은 후에 아주 체계적으로 서술했다).

혹시 알아? 분노, 우울, 열등감 등의 감정과 현상이 기회가 될지? 나에게는 그랬다. 우울증이 없었으면 글을 잘쓰게 되지도 않았을 테고 아직도 노예처럼 하기 싫은 공부를 하면서 내 꿈도 아닌 아빠 꿈인 박사 같은 걸 따면서 아빠를 만족시켰을 테니까(대학교에 입학한 후 난 내내 아빠에게 박사가 되라며 '박사라이팅'을 당했다). 우울증에 시달리고 가정폭력을 당한 많은 사람을 만날 수 없었을 테니까. 새 가족이 생기지 못 했을 테니까. 진정한 사랑을 찾지 못 했을 테니까. 내가 진정 사랑하는 일이 무엇인지 알 수 없었을 테니깐. 나는 바란다. 나에게 흘러들어온 이 복된 일들이 이 책을 읽는 사람들에게도 흘러들어가기를. 용기는 전염되니까. 그렇게 회복되어 꿋꿋이 남의 인생이 아닌 자신의 인생을 살기를. 사람들이 외치는 공허한 좋은 것들을 좇지 말고 진정 나에게 유익하고 즐거운 것을 좇으면서 살기를 바란다. 내게 나타난 감정과 현상으로 말미암아 내 인생을 위한 선택이 무엇인지 진정 생각해 본다면 좋겠다. 더 이상 남의 인생을 살지 않기를.

트라우마에 휘둘리지 않기

트라우마는 사실 존재하지 않을 수 있다. 이 사실을 처음 접했던 것은 기시미 이치로와 고가 후미타케의 『미움받을 용기』라는 베스트셀러를 읽으면서였다. 생명공학도였던 나는 심리학이나 정신 관련 학문은 전혀 몰랐는데, 이 책을 계기로 아들러의 목적론에 대해 접하게 되었다. 트라우마가 존재하지 않는다는 말은 힘든 기억으로 마음이 어려운 사람들을 억울하게 하는 말일지도 모른다. 과거가 부정당하고 그로 인해 힘든 현실이 인정 못 받는 느낌일 것이다. 나 역시 처음에는 가정에서의 안 좋은 기억이 트라우마가 되어서 우울한 것이 타당하다고 생각했었기 때문에 이 책을 읽고 마음이 안 좋았었다. 우울한 것이 온전히 나의 탓인 것만 같아서 슬퍼지기도 했다. 지금껏 엄마에게 사랑받지 못하고 맞으면서 불행했던 내 유소년기, 청소년기는 뭐가 되는 걸까? 이런 생각이 머릿속을 맴돌기도 했다. 왜 나는 틈만 나면 정신적으로 고통스러운가? 이는 트라우마라는 원인이 아니고서야 설명할 수 없는 결과가 아닌가? 여러 자문자답이 머릿속에서 맴돌며 나를 변호했고 때로 분노가 올라오기도 했다. 기시미이치로에 의해 내 고통 자체가 부정당한 느낌이었다.

하지만, 아이러니하게도, '목적론'을 알게 되어서 기쁜 마음도 공존했다. 트라우마가 없다는 것은 과거에 발 메이지 않고 새롭게 시도할 수 있다는 희망적인 메시지가 아닌가. 시간이 지난 지금 내린 결론은 이러하다. 역시, 트라우마 이론도 타당한 부분이 있다고 생각한다. 그런 사람이 겪기 힘든 기억이 근간이 되어서 안 좋은 감정 습관이 생길 수 있다고 생각한다. 그런데, 역시 아들러가 직접 쓴 저서의 번역본 『삶의 의미』도 읽어본 결과, 안 좋은 유아기의 경험이 안 좋은 생활양식으로 이어질 수 있는 건 사실이라는 결론에 다다랐다.

따라서 나의 어릴 적 기억은 정말 가슴 아프고 힘든 일이 맞지만, 앞으로는, 새로운 목적을 가지고 새로운 행동을 해야겠다고 결론지었다. 자꾸만 발목 잡는 '나는 트라우마 때문에 불행해, 그래서 오늘도 나는 우울한 거야'라는 생각 말고, '맞아, 힘든 기억이었지. 하지만 앞으로의 인생은 나대로, 내가 하는 대로 만들어갈 수 있어! 오늘 바로 여기, 현재의 목적을 위해 나는 어떤 행동을 할 수 있을까?' 이런 생각에 좀 더 힘을 실어주기로 선택했다.

많은 부분을 내가 선택할 수 있다는 생각을 기저에 두자 가장 먼저 생활 습관들이 바로 잡혀갔다. 나를 위해 투자하는 시간을 더 많이 보낼 수 있게 되었다. 이제는 내가 겪은 과거 어려움을 그대로 인정해주며, 앞으로는 새 목적을 갖고 내 인생을 살기로 선택하는, 그런 행동들을 하기로 했다. 나는 역시 심리학도도 아니고 정신분석학과 관련된 전문가가 아니라서 명확한 지식 습득을 했는지는 확실치 않다. 다만, 여기서 얻은 귀한 인사이트를 소개하고 싶었다.

어떤 사람은 위로나 조언을 타인에게서 받을 때 아무나 자신을 위로하게 하거나 조언을 주도록 허용한다. 하지만 나와 내 주변 우울증이 있는 사람들은 많이들 일단 나만큼 불행했는지를 확인하는 습관이 있었다. 나만큼 불행하지 않았으면, 그렇게 조언할 자격이 없다고 생각해서 조언이나 위로를 기각하는 것이다. 이런 성격은 우울 증세가 깊어질수록 더 심해지는 듯하다. 성격이 꼬였다고 생각할 수 있겠으나,

그런 일차원적의 성격이 좋고 나쁘고의 문제가 아닌 습성 같다. 나는 당시 우울이라는 우물에서 허우적거리고 있었고 어쩌면 우울증에서 빠져나오고 싶지 않다고 무의식중에 우울 의지를 관철했는지도 모르겠다. 어쨌든 아들러에게도 나와 같은 핍박과 정신적 어려움의 시간이 있었는지 확인하고자 인터넷에서 자료를 검색했고 아들러의 저서까지 읽어보았다. 타당한지 확인하기 위해서이다. 과연, 아들러도 역시 인생에 어려움이 많았다. 나처럼 타인도 불행했어야 나를 위로하거나 나에게 조언 줄 자격이 있다고 생각하는 사람들은 아들러도 나름대로 어려움이 있다는 것을 확인하고 그의 말에 좀 더 귀기울여주기를 바란다.

아들러는 오스트리아 빈의 정신과 의사로 어릴 적부터 병약하여 구루병, 질식, 발작, 폐렴 등의 병에 시달렸으며 수레에 2번이나 치인 적이 있는 등 죽을 고비가 정말 많았다고 한다. 또한, 같은 침대를 쓰던 친동생이 밤사이 죽은 것을 보고 굉장히 충격을 받았다고 전해진다. 그의 이런 신체의 열등과 정신적 열등함 그리고 사건 사고들이 의사가 되기로 결심한 데에 큰 영향을 미쳤으리라 생각한다. 자연스럽게 의사가 되는 쪽으로 인생사가 흘러갔나보다. 나 또한 그러하다.

나의 열등한 정신적 결함이 이런 인간의 정신과 심리와 생각과 사회의 사상을 탐구하게 만들었다. 부족하다고 인식하는 열등감이 무언가를 추구하게 만드는 동력이 된 것이다. 아들러는 나보다 더 불행했을지 모르겠다. 우울증이 있는 사람들은 대부분 자기 자신이 제일 불행하다고 믿는 경향이 있다. 아들러는 이를 '견해'라고 한다. 즉 자기 자신이 제일 불행하다고 생각하는 것은 사실이 아니라 견해일 뿐인 것이다. 이런 견해를 갖고 있는 사람들은 자신이 옳다는 것을 증명하려고 애쓰면서 사는데, 그 근거로 아주 타당해보이는 것이 대표적으로 트라우마이다. 트라우마는 프로이트의 원인론적 시각이다. 슬픈 일, 어려운 일, 고통스러운 일, 안 좋은 일이 원인이 되어 현재 내가 불행하고 절망스럽다는 거다. 이런 생각과 견해는 프로이트의 원인론에 입각한 설명이다. 지금 우리 사회는 논리 실증주의가 판을 치는 사회이며 과학이 숭배되고 있다. 따라서 대표적인 과학의 작동 방식인 원인론 또한 사회에 팽배하다. 하지만 나는 이렇게 생각한다. 이 원인론은 유익함이 있음에도 불구하고 그림자가 있다고 말이다. 원인론은 사람을 잡아끈다. 사람을 죽인다. 사람을 정신병에 걸리게 한다. 사람을 후퇴하게 하면서 후퇴를 인지하지

도 못하게 만든다. 그러면서 더 이상의 좋은 길은 없다고 절
망하게 만드는 것이다.

　이런 식의 사고방식은 가정폭력이나 큰 이별이나 어린 시
절 안 좋은 기억이 있는 사람으로 하여금 미래를 비관하게
만든다. 나의 경우는 이러했다. '나는 가정폭력 가정에서 자
랐기에 결혼할 때에도 상견례 때 부모를 소개하기 창피할 거
야.' '부모에게조차 사랑받지 못 했는데 내가 대체 누구에게
사랑 받을 수 있다는 말인가?' 즉, 내 인생 20년이 불행했기
에 내 남은 인생도 똑같이 불행하리라 생각했다. 원인에 결
과가 따른다는 생각이었다. 이는 내 인생의 방향키를 내가
잡고 있지 않는 행위였다. 외부의 무언가가 내 인생을 좌우
하고 있었다. 과거의 무언가가 내 인생을 좌우하고 있었다.
현재의 내가 발버둥 쳐봤자 달라지는 것은 없다고 단정 짓게
되었다. 나는 반복해서 원인론에 입각해 내 우울증을 설명하
려고 필사적으로 노력하면서 살아왔다. 하지만 이 행위는 실
로 무가치했으며 나를 성장하게 하지 않았다. 나를 제자리에
머물게 만들었다. 원인론 말고 우리 사회는 목적론이 더 필
요하다. 아들러는 원인론이 아닌 새로운 시각인 목적론을 세
상에 내보인 것이다. 원인론은 절망을 부추기지만 목적론은

희망을 준다. 할 수 있다는 용기를 준다. 이런 사실을 알고 있었기에 나는 목적론을 떨떠름하게라도 반길 수밖에 없었다. 이것이 유일한 희망임을 나는 알고 있었기 때문이다. 그만큼 나는 처절했다. 처절한 자는 복이 있다. 목마른 자는 복이 있다. 슬픔 있는 자는 복이 있다. 그것을 통해 공백이 채워질 것이기 때문이다. 공백이 있다는 것을 인지했기에 처절하고 목마르며 슬프기 때문이다. 처절하지도 않고 슬픔도 없는 자들은 콧방귀를 뀔지도 모른다. '목적론은 말도 안 돼. 인과관계를 설명할 수 있는 원인론이 아니면 이 위대한 과학의 발전은 무엇인가?' 이런 식으로 자신이 논리실증주의자임을 표방할 것이다. 논리실증주의는 학문에 임하기 좋은 방법이며 좋은 성과를 내기 좋은 사상이자 종교이다. 하지만, 논리실증주의도 분명한 한계가 있다. 늘 똑같이 적용하기는 어려울 때가 있다. 그럴 때 우리는 목적론을 시도할 수 있다. 생각해 볼 수 있다. 논리실증주의처럼 모든 것을 논리로, 원인과 결과로 설명하는 것은 때로는 유익하지 못 할 때가 있다. 우리는 우리 몸에 유익하지 못한 것을 때로는 경계해야 한다. 그리고 더 나은 것을 택해 스스로를 나아가게 해야 한다.

트라우마와 목적 구분하기

트라우마는 무엇일까? 트라우마는 과거 좋지 못 한 기억이 원인이 되어 현재 많은 정신적 어려움이 야기될 때, 나쁜 과거에 해당하는 기억을 일컫는 말이다. 우리는 트라우마 이론이 우리의 현재 고통을 정당화시켜주는 그 편리함 때문에 손쉽게 트라우마라고 단정 짓는다. 어른들은 알 것이다. 편리하다고 옳은 건 아니다. 조금만 멈춰서서 생각해보아야 한다. 내가 19살 때 아빠가 하이힐로 내 머리를 내리치고 엄마한테 맞아서 침대 옆 벽에 가로 1미터로 피가 묻었고 이 때문에 경찰이 우리 집에 왔으며(동생이 신고했다) 내가 분당제생병원 응급실에 간 일은 트라우마가 맞지 않을까? 이 생각만 해도 손이 떨리고 가슴이 두근거리고 몇 년이 지난 시 점인 지금도 떠올리기 괴로운 건 사실이다. 그렇다면 트라우마에 왜 집착하게 되는가? 트라우마는 현재 내가 우울한 이유를 설명하기 아주 좋기 때문이다. 또 그럴 듯한 보호를 선사해 준다. 집에서 방에 처박힐 때 엄마가 소리지르는 걸 들을 때 마다 내 인생은 왜 이런가 하고 비관했다. 남들은 화목한 가정에서 잘 먹고 잘 살고 선물을 주고받는데 왜 우리 집은 늘 소리지르고 화가 존재하는가? 이런 생각을 하면서 나는 엉엉 울었다. 그만 힘들고 싶다고. 고통스러운 생각을 반복하니 뇌가 아팠다. 왜 이렇게 나는 괴로운가? 문득 문득 생각했다. 생각한 결과 트라우마밖에는 설명할 길이 없었다. 나는 평소에 우울한 일이 없어도 왜 우울한가? 생각하면 나는 이 원인을 트라우마로밖에는 설명할 길이 없었다. 불행한 가정사, 엄마의 폭력과 폭언, 엄마의 저주 이런 것들이 나를 우울하게 만들었고 나는 우울한 사람이고 내 미래도 우울할 것이다. 이런 믿음이 나를 지배했다. 하지만 아들러가 트라우마의 한계를 보여주고 목적론을 제시한 내용의 책들을 읽어본 결과 나는 계몽된 느낌을 받았고 무언가 얽매임에서 자유를 얻었다고 생각한다. 이제 더 이상 다리를 저는 인생을 살지 않아도 되며 내 남은 여생이 불행하지 않아도 된다는 것을 정확히 인지하게 된 것이다. 인사이트를 아들러의 목적론에서 얻어서 나름대로 적용해보았다. 다음과 같은 식으로 나는 생각을 수정하려 노력했다.

　나는 불행한 기억이 있는 것은 사실이다. 그런 일을 겪은 건 실재하는 경험이다. 그런데 그 일 이후 그 기억이 연상되는 환경 때문에 자꾸만 그 일이 기억나는 건 연상되는 것일 뿐이다. 그냥 떠오르는 것이다. 음식 냄새를 맡으면 '맛있겠다'라는 생각을 하고 나치즘을 상징하는 기호를 보면 '어 무섭다' 이렇게 생각하는 것과 비슷하다. 무언가를 보고 연상되는 것은 어쩔 수 없다. 인간은 지적 동물이니 연결고리를 만들어 계속 무언가를 생각하는 생물이기 때문에. 하지만 불행한 일 이후 어떤 식으로 살 것인가는 개인이 선택할 수 있는 문제이다. 지금 내가 무기력하게 '나는 할 수 있는 게 없어'라고 단정 짓는 선택을 하면 자유를 얻지 못 한다. 즉 무기력하고 우울함을 느낀다. 불행한 기억이 있은 뒤 사람은 위축될 수 있다. 위축된 사람은 선택의 기로에 놓이게 된다. 나는 지금 남은 삶에서 잘 할 자신이 있는가 없는가? 이 물음에 자신이 없어진다. 그러면 **'난 못 할 거 같아. 난 잘 안 될 거야'** 라고 무의식 중에 생각하게 된다. **이것은 실제 사실이나 현상이 아니라 한 개인의 견해일 뿐이다.** 그리고 이 견해는 목적이 된다. 자신 없고 실패하리라는 생각에 숨고 싶은 마음. 이런 류의 생각이 주를 이루게 되며 일차원적인 쾌락에만 매달리게 되는 것 같다. 예를 들면, 편히 쉬는 집이나 맛있는 밥과 같은, 안락함만 추구하는 것이 목적이 된다. 자신도 모르게 사람은 자신의 목적을 이루기 위해 행동한다. 그렇게 더욱 더 위축되며, 위축되었기에 도전 하거나 당당하게 용기내어 삶에 임하지 못하게 되어 좋지 못한 성과나 처참한 현실이 이어진다. 그러면 다시 우울해진다. 우울해지면 떠올린다. 나는 왜 우울하지? 그러면 어김없이 트라우마를 그 이유로 자신 있게 꺼낸다. '나는 트라우마 때문에 우울하다'라고 말이다. 목적을 이룬 것이다. 덕분에 집 방구석에밖에 존재하지 못하는 사람이 되었고 왜 그런지는 내 신체적 우울증 증상과 신경증이 나를 아주 잘 설명해줬다.

트라우마라고 보통 일컬어지는 경험은 보통 좋지 못 한 기억이 맞다. 당시 슬픈 감정과 절망스러움이 드는 것은 사실이다. **하지만 시간이 지난 뒤 앞으로 어떻게 살아갈는지는 개인이 선택할 수 있는 문제다. 그리고 어떤 견해를 가질지도 그 사람의 선택이다. 앞으로 인생살이에서 어떤 목적을 세울지도 그 사람의 선택이다.** 직면하고 마주하고 복구하며 내 남은 삶은 진취적으로 행복을 거머쥐리라 이렇게 목적을 세우는 사람이 있는가 하면, 힘든 세상 때문에 안전한 방에만 있겠다는 목적을 세우는 사람도 있다. 계속 트라우마라는 존재가 불분명한 인과관계를 손에 쥐고 자신에게 거짓말을 하고 타인에게도 거짓말을 하며 온 세상에 거짓말을 외치는 것이다.

자유로부터의 도피

 "자유는 책임이 꼭 뒤따른다. 자신이 책임지기 어렵다고 느낄 때 사람은 도피한다. 책임지지 않으려고 한다. 책임지지 않으면 자유를 쟁취할 수 없다"(스캇펙의 저서 『아직도 가야할 길』중 인용). 이럴 때 책임지지 않기로 선택하고(보통은 자신의 인생이 그 대상이다) 자유로부터 도피한다면 왜 내가 책임지지 않을 수밖에 없었는지, 왜 나는 자유롭지 못한지에 대한 변명을 줄줄이 늘어놓기 시작한다. 여기서 안타까운 점은 자신이 자유로부터 도피했다는 사실조차 많은 사람들은 인지하지 못 하고 있으며 (나 또한 그랬다) 자신이 책임지지 않기를 선택했다는 사실조차 인식하지 못 하고 있다. 마찬가지로 무엇을 책임져야 하는지조차 알고 있지 못 한다. 나 또한 그랬기에 이 처참함에 대해 고개가 절로 숙여진다. 하지만 괜찮다. 이 사실을 알았을 때는 절대 늦지 않은 시기리라.

내가 엄마, 아빠에게 폭력과 폭언을 당해 피를 흘리며 응급실에 가서 의료용 스테이플러로 머리를 찍은 일은 그 일 자체로 정말 안 된 일이긴 하다. 내가 생각해도 정말 심했다. 나에게 슬픈 일임은 분명하다. 그런 부모를 둔 건 정말 유감인 게 옳다. 하지만 분명한 건 이러하다. 나는 지금 부모로부터 분리되어 있고, 더 이상 부모는 나에게 물리적 폭력을 선사할 수 없다. 독립이라는 나의 선택이 (그 과정이 험난했지만) 나를 안전하게 만들었다. 어려웠던 기억은 나를 가스라이팅하고 물리적으로 폭력을 저지르는 사람을 피하도록 만드는 데에 좋은 각성제의 역할을 했다. 덕분에 빨리 독립했고 빨리 새 가정을 이루고자 했다. 우울증에 걸린 사람들과 가정폭력에 시달린 사람들을 배척하지 않고 이해하고 공감할 수 있게 되었다. 더 이상 어려웠던 과거의 기억 때문에 가슴이 두근거리지 않는다. 그런 과거가 존재하는 건 사실이지. 하지만 그 과거 때문에 내가 우울해지지는 않는다. **이제 나는 그 과거가 있으니까 내가 어떤 마음으로 세상을 살아야 할지 더 신중하게 되는 것뿐이다.**

4장

아들러의 목적론을 알고
달라진 것들

아들러의 목적론에 대하여

책『미움받을 용기』에서는 감정엔 목적이 있다고 했다. 타당한 말이다. 예를 들어 어머니들은 자기 자식에게 언성을 높여 화를 내다가도 아이의 선생님에게서 전화가 오면 급히 톤을 바꾸어서 '네 선생님'하고 친절하게 전화를 받는다. 인간이란 이런 식으로 감정을 이용한다. 아무리 화가 나도 대통령이나 높은 사람 앞에서는 절대 화를 안 낸다. 아이에게 큰 화를 쏟아낸 다음에는 '내가 화를 조절하기가 어려워'라고 말한다. 그렇게 말하면서 화가 나는 건 어쩔 수 없는 일이라며 자신의 책임을 얼버무린다. 선생님의 전화를 받을 때는 놀라울 정도로 침착하게 전화를 받으면서 말이다. 많은 인간이 이런 식이다. '조절하기 어려워요'라고 할 만큼 더 과하게 화를 낸다. 사실 그렇게 보이려고 더 과도하게 화를 내는 게 아닌가 하는 생각도 든다. 의도적으로 아이가 말을 듣게 만들기 위해 큰 화를 쏟아낸다. 하지만 아이 선생님의 전화는 즉시 의도적으로 차분하게 말한다. 목적이 다르기 때문이다. 아이에게 화내는 목적은 아이를 굴복하게 하고 훈육하기 위함이지만 (때로는 너무 과도해서 훈육보다는 학대의 성격을 띨 수 있는) 선생님 전화를 차분하게 받는 이유는 선생님과의 장기적 관계를 고려하기 때문이다. 아이가 계속 학교를 갈 테고 선생님과 좋은 관계를 유지해야 아이가 눈 밖에 나지 않을 것이고 아이를 잘 돌보아주리라는 예상 때문이다. 마찬가지로 품위 있는 어머니라는 인상을 선생님에게 주기 위해 의도적으로 자신의 화를 컨트롤한다. 인간은 화가 나거나 좋지 못 한 일을 당했을 때 어떻게 표출할지를 결정할 수 있다. 나도 이런 이야기에는 쉽게 동의할 수 있었다. 하지만 도무지 동의할 수 없었던 건 나의 우울에도 목적이 있다는 이야기였다.

우리는 절대 후퇴하지 않는다.

우울감에 젖어 있을 때 나는 늘 생각했다. 나는 어른인데 어린 아이보다 못 한 인간이 되었구나. 나는 그래서 방에만 있는구나. 이제는 서현역 로데오 거리를 활보해도 신촌역 명물거리를 걸어다녀도 심장이 두근거리는구나. 다른 사람이 나를 쳐다보는 거 같고 두려웠다. 누군가 날 알아볼 거 같은 느낌. 알아봐도 문제없잖아? 그래도 나는 인지되는 게 두려웠다. 아무리 검정 옷을 입고 무거운 워커를 신어도 탄로 나는 보잘 것 없이 푹 숙인 고개와 공허함에 찌든 내 눈동자를 누군가에게 들킨다면 난 어떡하지? 너무 무서웠다. 그렇다면 내 목적은 나를 아는 타인이 나를 마주치지 않기를 바라는 것일 테고 그 목적으로 나는 공황장애 증상을 발동시킨 것이다. 두근거리고 두려워하고. 그러면 그 상황을 모면할 수 있을 테니깐.

나는 중학교 때 강박적으로 공부했었다. 시험 전 날인데 전쟁에 나가는 전사처럼 마음이 불편하지 않으면 나를 재촉했다. 더 강박적으로 변하라고 스스로에게 최면을 걸듯 지시했다. 그래서 억지로 강박적이고 불편한 마음으로 시험을 준비했다. 인간은 목적에 의해 자신에게 지시해 호르몬과 신경 전달물질을 분비한다. 얼마나 이 체계가 몇 만 년을 거쳐 유전적으로 자동화가 되었냐면 무언가를 떠올리기만 해도 우리는 심장이 뛰기도 하고 안심하기도 한다. 나 같은 경우 19살 수능 국어를 망친 뒤에 20살 재수할 무렵 국어 수능 시험 응시하는 상상만 해도 심장이 쿵쿵 뛰었다. 그 국어 망친 덕에 일 년을 더 재수하게 되었으니 나로서는 두려울 만큼 긴장되는 상황이었기 때문이다. 같은 맥락으로 사람이 호랑이를 무서워하는 이유는 호랑이가 사람을 찢어 죽일 수 있는 공격성을 지녔기 때문이다. 우리가 호랑이를 두려워하지 않으면 호랑이 앞을 여유로이 산책할 것이다. 우리가 높은 곳을 두려워하는 것은 높은 곳에서 떨어질 것을 염려하기 때문이다. 우리는 호랑이를 만나면, 높은 곳에 오르면 심장이 빠르게 뛰고 두려워진다. 약 20만 년 전부터 이 반응을 가능케 하는 유전자가 없는 사람은 모조리 죽었다. 호랑이를 만나도 여유만만했다가 죽고 높은 곳에서 여유로이 잠을 자다가 떨어져 죽고 자식을 현대로 보낼 기회를 박탈당했기 때문이다. 이렇게 **인간의 감정과 그로 인한 호르몬과 신경전달물질들을 철저히 생존을 위해 또, 목적을 위해 조절된다.** 때로는 내가 모르는 사이에 그렇게 된다. 나는 무서워하고 싶지 않았는데 무의식적으로 무서워하게 된다. 인간이란 그러하다. 따라서 자신의 내면을 들여다보는 연습을 해야 한다. 그리고 스스로를 훈육해야 한다. 그렇지 못 하면 우리는 어른이 되었는데도 어린이만도 못 한 상태로 돌아간다. 어린이들은 우울함 없이 천진난만하며 자고 일어나면 자신이 어제 우울했다는 사실 조차 망각한다.

어린이들은 우울하지 않을 노력 없이 우울하지 않다. 우울하지 않을 노력을 해서 얻은 우울하지 않음이 더 노력하지 않은 우울하지 않은 상태보다 숭고하지 않은가? 어린아이로 돌아가야 하는 게 아니다. 우리는 모두 노력하지 않아도 우울하지 않았던 때를 기억하고 있다. 그때로 돌아가는 것이 아니라 우울할 일이 폭풍처럼 닥칠 때도 우울하지 않을 노력을 해야 하는 것이다. 이 노력을 하는 과정에서 우울하지 않을 방법과 수단을 닥치는 대로 긁어모아야 한다. 왜냐하면 우리를 덮칠 호랑이와 같은 우울을 우리는 대적해야 하기 때문이다. 어린 아이 때는 부모가 보호해주지만 성인이 되어서는 부모에게 보호받지 말아야 하는 강제적인 상황에 직면하게 된다. 즉 상황이 달라진 것이다. 부모가 나를 보호하지 않을 때에도 우리는 자립해야 한다. 자립하기 위한 과정에서 우울하지 않을 노력이 필요하고 그것을 돕는 도구가 필요하다. 자신이 성인이 되어 우울증에 걸려 어린아이보다도 못 하게 감정 컨트롤을 못 하고 우울해하고 자신에게 맡겨진 삶의 과제를 감당하고 있지 않다면, 정확히 알아야 한다. 인간은 절대 후퇴하지 않는다. 후퇴나 퇴행처럼 보이는 행동이 우울증의 결과 또는 중간 현상으로 드러날지라도 그건 후퇴처럼 보일 뿐 실제로 후퇴가 아니다. 분명히 미래를 향하는 목적이 있기에 인간이 의식했든 의식하지 못 했든 선택한 결과이다. 여기서 인간은 미래를 향하는 목적이 꼭 절대적으로 선해야 할 필요는 없다고 생각한다. 누군가는 타인을 저주하는 게 자신에게 이롭다고 생각하고 누군가는 타인의 소유를 도둑질하는 것이 자신에게 필요하다 생각하며 우리 모두 어릴 적 한 번쯤 꾀병을 부려 학교를 안 가고 집에서 쉬고 싶어 하기도 했다는 사실을 통해 인간의 미래를 향하는 목적이 꼭 절대적으로 선하지만은 않다는 것을 알 수 있다. 토론토 대학 심리학과 교수인 조던 피터슨은 자신의 저서 『12가지 인생의 법칙』에서 왜 인간이 자신을 스스로가 도와야 하는지를 설명할 때 다음과 같은 말을 한다.

"각자의 어두운 본성에 대해서 당사자만큼 잘 아는 사람은 없다. 그렇다면 병에 걸렸을 때 당사자보다 치료에 더 전념할 사람이 또 있을까?"

같은 맥락으로 우울의 목적은 자기 자신만이 가장 정확히 알고 있을 것이다. 타인에게, 가족에게, 친구에게, 의사에게, 상담사에게 아무리 속이려고 해도, 아무리 나 스스로가 순결한 척 해도 자신은 자기의 목적의 방향성을 알고 있다. 누군가는 의사나 타인을 계기로 자신의 우울의 목적을 알게되기도 한다. 이것도 계기일 뿐이지 자기 자신이 '아닌데요?'하고 부정해버리면 치료는 시작되지 않는다. 즉 자신의 우울의 목적을 점검하고 인정하는 사람은 오직 세상에 단 하나. 자기 자신이다. 즉 우울증 치료로 나아가는 데 가장 적합한 사람은 자기 자신이다. 내 글이 그렇게 할 수 있는 좋은 지도가 되기를 바란다. 좋은 수단이 되기를 바란다.

아래는 아들러 저서 『삶의 의미』에서 인용한 문구이다.

"생각과 감정, 판단과 견해가 언제나 후퇴의 방향으로 치닫는데, 여기서도 분명하게 알 수 있듯이 신경증은 창조적인 행위이지 유아의 또는 옛 조상의 형태로 퇴행하는 것이 아니다. 생활양식에서 비롯하는 이런 창조적인 행위, 어떤 형태로든 늘 우월을 지향하는 스스로 창출된 이 운동 법칙은 다

시 생활양식에 따라 다양한 형태로 치유를 방해하는데, 이것
은 환자에게 확신이 생길 때까지, 다시 말해 상식이 우세해
질 때까지 계속된다."

우울증에도 순기능이 있다

내가 그동안 아들러의 책을 읽고 다른 사람들을 관찰했
을 때 우울증이 주는 유익은 여러 종류가 있었다. 내 이야기
와 더불어 다른 사람들의 사례들을 보여주며 우울증의 목적
과 그와 동시에 우울증이 개인에게 주는 유익을 알아보면 좋
겠다고 생각한다.

'유익하다' '착하다' 사람은 늘 이런 단어를 자기 편의대
로 사용한다. 남에게는 유익하지 않지만 나에게는 유익한 일
이 있다. 누구는 담배를 유익하다고 여기지 않지만 누구는
담배가 안식을 줘서 유익하다고 생각한다. 그렇기에 과거의
나도 성인이 된 후 5년 간 담배를 하루 한 갑씩 폈었다(현재
는 금연). 착하다는 말은 무슨 뜻일까? 자신의 편의를 봐주는
사람은 착하지만 자신의 입맛대로 행동하지 않는 사람은 착

하지 않다는 식이 대부분이다. 유익하다, 착하다 이런 단어들은 철저히 한 개인의 견해를 표현하는 데에 사용된다. 그런 의미에서 우울증은 남에게는 악해 보이기도 하고 유익하지 않아 보이기도 해도 우울증이 있는 사람은 자신의 우울증이 무의식적으로 자신에게 선하다고 생각하는 듯하다. 이처럼 인간은 선과 악을 제멋대로 정의한다. 나 또한 그러했다. 나를 포함한 많은 우울증에 걸린 사람들은 불행을 무기로 사용한다. 핑계를 과거에서 찾는다. 지나가고 또 지나가고 멀리 지나가버린 그 과거를 더듬는다. 모두가 떠난 그 과거에 혼자 어슬렁거린다. 인간은 불행조차 당시의 자신의 무기로 사용할 정도로 선이라고 생각하며 이용하는 은밀한 능력이 있다. 하지만 이는 너무 은밀해서 자기 자신조차 속이는 일이 태반이며 다른 사람들에게는 감쪽같이 그럴 듯해 보이는 시나리오다. 과거 어려운 기억이 트라우마가 되어 현재 발목을 잡는다는 그 시나리오. 나에게 우울증이 주는 유익함 그리고 내가 지금껏 만난 친구, 고객들의 우울의 목적에 대해서는 7장과 부록에서 다루어보겠다. 부디 이 이야기 속에서 희망과 해결의 실마리를 발견할 수 있기를 바란다. 나아가 나와 우리들의 회복을 통해 용기를 얻기를 바란다.

5장

타파해야 할 우울에 대한 편견

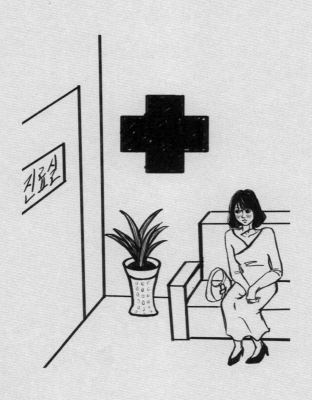

들어가며

우울증을 극복하는 데는 정말 여러 방법이 있다. 심리치료를 받는 것이나 정신과에 가서 약을 처방받는 건 사회에 널리 알려진 방법이다. 운동도 우울증 극복 방법으로 유명하다. 그리고 누군가는 요가와 명상을 해서 나아졌다고 하고, 아로마 테라피를 권유하는 사람도 있고, 어떤 이는 종교 생활에 몰두했더니 괜찮아졌다는 말을 한다. 간혹 그냥 정신없이 살다 보면 나아진다고 말하는 이도 있다. 우리가 경계해야 할 태도는 우울증을 '의지의 문제'로 바라보는 것이다. 돈을 써가며 치료받는 사람들을 비아냥거리는 태도는 정신질환에 대한 낮은 의식 수준을 보여줄 뿐이다. 그리고 자신이 극복한 방법만이 옳다고 생각하는 태도 또한 경계해야 한다.

우울증의 정도는 사람마다 다르다. 하지만 많은 이가 자신의 우울증과 타인이 겪는 우울증이 같다고 생각하는 듯하다. 내가 22살에 겪은 우울증과 23살에 겪은 우울증은 정도와 증상이 달랐다. 가장 심했을 때는 말을 더듬고 기억력도 안 좋아지고 지적 수준이 떨어졌고 잠을 14시간씩 잤지만, 어떤 때는 우울증임이 분명함에도 불구하고 말도 잘했고 지적 문제가 없었으며 잠도 8~9시간 잤다. 우울증은 정도와 증상에 따라 다양하게 구분될 수 있다. 우리는 우울증 극복 그리고 완치 방법에 대해 좀 더 넓은 시야를 가져야 한다. 그래야 타인에게 쉽게 상처주지 않을 수 있고 나아가 자신의 미래 우울증에도 잘 대처할 수 있다.

나의 경우 정신과에서 약물을 처방받았고 상담치료를 받았으며 개인적인 노력도 아주 많이 들였다. 이번 장에서는 각 방법의 특징, 효용, 단점과 한계, 그리고 그 필요성에 대해 살펴보겠다. 또 내가 우울증을 극복하기 위해 노력했던 시간들 속에서 도움이 되었던 자세도 함께 이야기해 보겠다. 결론적으로 나는 모두 다 필요하다고 생각한다. 정신과 약물

치료, 상담 치료, 개인적인 노력, 운동, 생활습관 교정. 어느 한 가지만 해도 된다는 말은 마치 배추만 가지고 배추 된장국을 만들겠다는 말이나 마찬가지다. 칼도 없이 도마도 없이 된장도 없이 솥도 없이 배추 된장국을 만들겠다는 그런 말말이다.

정신과 약이 뭐 어때서?

무책임한 어른들은 이런 말을 한다. '우울증은 의지의 문제이니 정신력으로 극복해야 한다'라고 말이다. 하지만 심한 우울증을 겪는 사람들은 이미 정신력을 발휘하기 어려운 상태다. 좋지 못한 생활 습관이 계속되어 전두엽이 손상됐기 때문이다. 의지와 충동 조절을 담당하는 전두엽의 부위들이 제 기능을 하지 못하게 된 것이다. 마치 고장난 기계가 멀쩡한 기계의 능률을 따라잡지 못하는 것과 같다. 그러면 당연히 고장난 부위를 수리하는 것이 가장 합리적이다. 그럼에도 의식이 부족한 사람들은 전두엽을 운운하는 건 약을 팔아먹으려는 정신과의 상술이라고 이야기한다. 예를 들어볼까. 감기약의 성분을 다 알고 먹는 사람은 드물다. 그럼에도 사람들은 툭하면 감기약을 먹으면서 정신과에서 처방하는 약물은 마약이라고 매도한다. 어느 약물도 부작용은 존재하며 이는 확률의 문제이다. 하지만 감기약 부작용은 너그러이 지나치지만 정신과 약물만은 긁어 부스럼 만들어 어떻게든 꼬투리를 잡으려고 노력한다. 지금 시대는 사랑도 호르몬의 현상이라고 해석하며, 운동 효율을 높이기 위해 약물을 투여하는 시대가 아닌가? 그만큼 과학을 신뢰하는 시대인데, 왜 우울증에 관해서는 과학적으로 접근하지 않는지 모르겠다. **우울증을 개선하기 위해선 과학적으로 접근할 필요가 있다.**

전두엽이 눈에 보이지 않아서일까? 사람들은 전두엽의 손상을 신체의 외상만큼 중요하게 여기지 않는 듯하다. 그러나 직접 중증 우울증에 접어들면 전두엽에 문제가 생겼다는 말을 인정할 수밖에 없게 된다. 줄곧 공부를 잘해왔던 나는 평소 말도 잘하고 암기력도 좋았지만, 중증 우울증에 접어들었을 때 말을 더듬었고 단어가 기억이 안 났다. 상황 판단력도 떨어져 급기야는 지금이 웃어야 하는 상황인지 정색해야 하는 건지도 분간하지 못했다. 일평생 학습 능력을 재능 삼아 먹고 살 줄 알았는데, 중증 우울증에 접어드니 이러다가

지적 장애인 판정을 받아서 국가 지원금이 나오지 않으면 어떤 일을 하며 살지 걱정하는 지경에 이르렀다. 왜 무책임한 어른들은 자신이 겪어보지도 않았으면서 정신과 약물을 마약 취급하는지 모르겠다. 실제로는 암 수술을 받고 먹는 진통제가 마약 성분이다. 감기약을 먹어도 잠이 온다. 그런데 정신과 약물에는 유독 엄격한 잣대를 들이댄다. 졸려지는 현상을 두고 사람을 멍청하게 한다는 죄를 뒤집어씌운다. 우리는 정신을 똑바로 차려야 한다. 엄마나 아빠라고 해서 늘 맞는 말을 하는 건 아니다. 엄마가 내 인생을 대신 살아주지 않는다. 엄마, 아빠가 나를 지켜주는 건 청소년기까지다. 그 이상부터는 알아서 판단하고, 살아가야 한다.

정신과 약물 치료가 필요한 이유

나는 우울증을 체감하고 처음부터 상담치료를 받으러 갔었다. 상담 선생님을 만나기 전, 설문 조사 형태의 테스트를 하자 우울과 불안의 수치가 상당히 높게 나왔다. 중독이나 강박 등 다른 요소는 미미한 수치였다. 결과를 본 상담 선생님은 이 정도면 상담 전 약물치료를 권한다고 하셨다. 약물치료 4주 후에 상담치료를 시작하는 게 좋겠다는 것이었다. 상담은 선생님 홀로 하는 게 아니므로, 내담자의 노력도 들어가야 하는데 너무 우울하면 의지를 발휘하기 어렵기 때문이었다.

약물 치료를 하기 전의 우울증 환자는 대부분 의지 발휘와 충동성 조절 그리고 기분 조절에 관여하는 뇌의 부위가 망가져 있다. 또, 대부분 기분이 안 좋은 상태이기 때문에 상담에서 좋은 습관을 만들기로 약속해도 실천하기 어렵다. 희망적인 생각을 하고 노력하려는 열정을 발휘하기도 어렵다. 하지만 아무도 3세 아이에게 한 시간 동안 친구랑 마주보고 진득하게 이야기하라고 하지는 않는다. 당연히 아이는 주의력도 부족하고 집중력도 약하기 때문이다. 또한 아무도 팔이 부러져 깁스를 하고 있는 사람에게 의지를 발휘해서 설거지를 하라고 하지 않는다. 심지어 안타까운 마음에 진통제를 먹게 한다. 약물치료를 통해 평균적인 기분상태를 적당히 끌어 올려야 한다. 그래야 상담치료를 잘 따라가며 기꺼이 상담선생님과 함께 노력할 수 있다.

약물치료를 하기 전에는 우울증 극복을 위한 책을 하루

한 권씩 읽어대도 머리를 스쳐 지나갔다. 한 권 읽으면 한 줄 남는 수준. 밑 빠진 독에 물을 붓는 거 같았다. 희망이 보이지 않았다. 약물 치료를 시작하고 나서 몇 주 뒤에는 책을 덜 읽었지만 책에서 알려주는 방법을 진심으로 실천하게 되었고 나의 일부가 되었다.

약물치료 전에는 혼자 기숙사에 있다가 엄마 생각을 하면 심장이 두근거리기 시작하고 또 엄마에게 맞았던 기억들이 머릿속에 재생되었다. 이로 인해 심장은 더욱 두근거렸다. 그렇게 기분이 나빠졌고 나는 방 속에서 또 세상에서 제일 불행한 사람이 된 기분에 시달리고, '내가 왜 지금 전공 공부를 해야 하는가? 어차피 행복할 것 없는 세상인데' '왜 대학교를 다녀야 하는가?' 하는 생각에 시달렸다. 본가에서 엄마랑 같이 살 때는 자다가 엄마의 목소리만 방문 너머로 들려오면 분노에 휩싸였다. 거실에서 친구랑 전화하며 히히덕거리는 엄마 목소리만 들려도 모든 것을 깨부수고 싶을 만큼 화가 났다. 내 인생은 이렇게 비참하고 괴로운데 엄마는 태평하게 밥 먹고 친구랑 전화하는 게 화가 났다. 방에서 안 나오는 나를 보고 아빠에게 내 욕을 하는 게 들릴 때도 있었는데 그때도 너무 화가 났다. 그냥 화가 너무나도 많이 나서 모든 걸 부셔버리고 싶었고 우울증이니 내 인생이니 내 결혼이니 뭐든지 간에 알 바가 아니게 되었다. 그냥 줄담배만 폈었다. 눈물이 나기도 했고. 눈물 없이 그냥 매운 떡볶이를 배가 터지도록 폭식하기도 했다. 남들은 취직 준비니 토익 공부니 대학원 준비니 뭐든 하고 있었는데 나는 오늘 하루 폭발 할 것 같은 화를 삭히기 위해 노력했어야 했다. 미래를 생각할 감정의 여유도 없었다. 난 하루 하루 내 기분 관리하기도 벅찼다. 하지만 약물치료를 시작한 뒤로는 엄마 목소리를 들어도 '그런가 보다' 이렇게 생각할 수 있게 되었고 어쩌면 이성적이라고 할 수 있는 생각까지 가능해졌다. 어떻게 하면 빨리 집에서 독립할 수 있을까? 할 수 있는 행동들이나 알바들을 리스트업 하게 되었고 엄마 목소리를 듣지 않기 위해 이어폰을 꽂고 책을 펼치기도 했다. 썩 좋은 기분은 아니어도 전처럼 충동적으로 베개를 퍽퍽 때리거나 화를 분출하지 않아도 되었다. 적어도 할 일은 할 수 있게 되었다. 책상에 앉아 과제를 할 수 있게 되었다. 적어도 내 기분을 보호할 수 있게 되었고 상황을 통제하려고 했으며 통제할 수 있다는 사실이 나에게 희망을 주었다. 그래 나도 할 수 있어. 이런 생각 말이다.

중요한 건 전두엽 회복

전두엽의 기능 저하가 우울증의 원인이라고 말하는 건 쉽게 볼 수 있는 과학신문의 후킹문구이다. 어떤 사람들은 이 사실 자체를 신뢰하지 않는다. 전두엽은 문제없지만 정신과가 돈벌이를 하려고 전두엽을 운운하는 것이라고 한다. 뇌를 부딪친 것도 아닌데 왜 손상되냐고 우울증에 걸린 사람이나 정신과 의사들을 비하한다.

하지만 이 문제는 그렇게 간단한 인과관계가 아니다. 어떤 일을 계기로 계속 우울해지고 우울할 때 하는 좋지 못한 습관이 쌓여 전두엽 기능이 저하되는 것이다. 초등학교 4학년 때 왼쪽 발목에 금이 간 적이 있다. 한두 달 동안 기브스를 하며 생활을 했다. 이후 기브스를 푼 종아리는 몹시 가늘어져 있었다. 반대 쪽 종아리는 여전히 보통 두께였는데 말이다. 이런 기제는 누구나 안다. 뇌도 마찬가지다. 좋은 방식으로 뇌세포를 사용해 주지 않거나 자극해 주지 않으면 그 부분 기능이 저하한다.

나는 우울하다고 느낄 때면 유튜브를 켜고 5시간이고 10시간이고 멍 때리면서 봤다. 절대 움직이지 않고 침대에 누워 있었다. 생각하고 싶지 않았다. 분노도 두려움도 슬픔도 이젠 지긋지긋해서 피하고 싶었다. 다른 사람들이 떠드는 영상을 억지로 보면서 피식피식 웃었다. **그런데 어느 날부터 웃기지 않았다. 댓글을 보니까 다들 재미있어 하는 눈치인데 나는 하나도 안 웃겼다. 이때 눈치 챘다. 나 좀 이상해졌구나. 이후 거의 집착하듯 유머 글이나 유머 영상을 찾아다녔다. 웃고 싶었던 것이다. 하지만 나는 더 이상 웃고 싶다고 해서 맘대로 웃을 수 없었다. 이건 이미 전두엽 기능이 저하됐음을 알려주는 신호이자 결과이자 현상이었다.** 사실 전두엽이 안 망가지면 이상한 때였다. 이 때 뇌는 쉴틈 없이 생각으로 가득 찼지만, 몸은 움직이지 않았다. 하루에 1,000보도 걷지 않는 날이 많았다. 사흘 동안 씻지도 않고 침대에만 있기도 했다. 이런 악습관들이 내 뇌를 망쳤을 거다.

기억, 사고, 추리, 감정, 계획, 문제 해결 등 고등정신작용을 관장하는 전두엽은 나쁜 습관들로 인해 망가진다. 우울증을 극복하고 싶다면 전두엽의 기능을 먼저 회복해야 한다. 많은 사람이 "정신력으로, 의지로 이겨내"라고 쉽게 말하지만 그럴 문제는 아니다. 이렇게 말하는 건 건강하지 않은 사람에게 건강하면 되잖아! 라고 말 하는 것과 마찬가지다.

전두엽은 어떻게 회복하나?

그렇다면 전두엽의 기능은 어떻게 회복할 수 있을까? 뇌를 많이 사용하는 활동을 하면 전두엽의 기능을 회복할 수 있다. 가장 좋은 수단은 '산책하기'와 '글쓰기'이다.

산책은 전두엽을 많이 자극하는 행위이다. 산책을 하려면 어디로 갈지 경로를 정해야 한다. 두 발을 떼어 어디를 딛을지 살펴보기도 하고, 속도도 조절해야 하며 넘어지지 않도록 주의를 기울여야 하기 때문이다. 글쓰기도 마찬가지이다. 손 근육을 사용하고 글씨체를 점검하며 줄에 맞춰 글을 쓰는 행위는 그 자체로 전두엽을 자극한다.

그 외 전두엽은 보통 전두엽의 기능을 회복하기 위해 운동을 하라고 하는데 나는 운동하기가 너무 싫었고 운동할 의지도 정신력도 없었다. 멀쩡한 사람도 운동하기 싫어하는 게 다반사인 데 나보고 운동하라고? 말도 안 된다. 나는 그래서 아파트 단지를 몇 바퀴 돌면서 산책하거나 손으로 글씨를 매일 썼다. 산책 시간은 20분에서 30분정도로 했다. 너무 하기 싫은 날에는 20분을 딱 맞춰서 20분이 땡 하면 바로 집으로 들어갔다. 글쓰기는 정말 5분이라도 쓰기로 했다. 처음에는 필사적으로 자괴감과 싸워야 했기 때문에 내가 좋은 이유에 대해 매일 써보았다. 삶을 너무 비관했기에 내 하루에서 감사한 점이 무엇인가 써보았다. 나는 오늘 가기 싫은 알바를 갔다. 내가 정말 대견하다. 오늘 맛있는 스파게티를 요리해서 먹었다. 재미있는 영상물을 볼 수 있어서 감사하다. 씻기 싫어도 샤워했다. 내가 자랑스럽다. 내가 좋다. 이런 시덥지 않지만 귀중한 말들을 적어보기도 했다. 어떤 날은 일기를 쓰기도 했다. 내 감정에 대해 구체적으로 써보기도 했고 내가 앞으로 어떻게 해야 할지 나름대로 대책을 적어보기도 했다. 솔직히 이런 시덥지 않은 글쓰기를 하고 싶었냐고 하면 정말 싫었다고 대답할 수 있다. 죽어도 노트를 펼치기 싫었고 너무 귀찮아서 하기 싫은 날이 더 많았다. 어떤 날은 못 할 때도 있었다. 대신 다음 날 했다. 하기 싫어도 1분이라도 적자는 마음으로 썼다. 내가 회복되기를 바라는 마음이 간절했기 때문이다. 나도 나를 사랑하고 싶었고 나도 내 삶을 사랑하고 싶었기 때문이다. 20대가 된 시점에도 누군가는 자신과 자신의 삶을 사랑하기 어려운 사람들이 있다. 나도 그랬었다. 자기가 된 이상 누구든 자기 자신을 사랑하는 게 당연한 게 아니냐고 말하는 사람들도 있지만 나는 그렇지 않았다. 그래서 스스로를 사랑하고 자신의 삶을 사랑하는 것 또한 얼마나 어려운 일인지 알게 되었다. 겨우 이것도 못 하는 게 아니라 이건 원래 어려운 것이다. 노력하지 않아서 얻은 것보다 노력해서 얻은 것이 더 귀하고 더 견고하다고 나는 믿는다.

항우울제의 작동 원리는 행복을 느끼게 하는 신경전달 물질(세로토닌이 그중 하나이다)의 작용을 강화하는 것이다. 세로토닌은 감정과 행동에 관여한다. 항우울제는 감정 신호를 전달하는 신경세포인 뉴런과 뉴런 사이 세로토닌이 잔류하는 시간을 늘려 우울한 감정 상태를 개선하는 것이다. 원래 세로토닌은 한 번 분비된 후에는 계속 사용할 것이 아니기 때문에 재활용을 위해 다시 흡수되어야 한다. 이때에 항우울제가 작용하여 세로토닌이 재흡수되는 것을 부분적으로 억제하여 뉴런과 뉴런 사이 시냅스에서의 잔류하는 세로토닌의 농도를 늘려준다.

6장

내가 우울증을 극복한 방법

시각, 촉각, 청각, 후각으로 주의 돌리기

우울증을 오래 겪은 사람은 언제나처럼 기분이 나빠져도 자신이 할 수 있는 건 없다고 생각한다. 이대로 오늘 하루는 날리게 될 거고, 여차하면 내일까지도 아무것도 할 수 없다고 단정 짓는다. 나도 그랬다. 상담 선생님이 해 준 유의미한 조언은, 이럴 때 오히려 내 기분을 나아지게 하기 위해 노력해야 한다는 것이었다. 기분이 좋아지는 무언가를 한다기보다는 **우울에 집중하지 않게 다른 곳으로 주의를 돌리는 방법을 추천해주셨다. 우울한 생각에 집중하면 생산적이지도 못한 방식으로 하루를 낭비하게 된다.** 이럴 때 의도적으로 내 생각과 주의를 다른 쪽으로 돌려야 한다는 것이다. 생각 말고 시각, 촉각, 청각, 후각에 집중하면 우울감이 개선된다.

시각

시각에 집중해 주의를 돌리는 가장 좋은 방법은 내게 책이었다. 영상을 보는 건 오히려 내 우울을 악화시켰다. 왜냐하면 영상을 보면서도 나 혼자 생각하는 것에 너무 익숙해졌기 때문이다. 반면에 글을 읽는 건 더 큰 주의력을 요하는 작업이다. 잡념을 가지면서 글을 읽고 이해할 수는 없다. 때문에 나는 내 생각에 귀 기울이기보다는 다른 사람이 정성스레 적어둔 지혜의 글들을 읽었다. 좋은 말이 있으면 노트를 펼쳐 손으로 글씨를 썼다. 좋은 글 한 두 문장을 그대로 따라 적기도 했고 내 생각도 적었다.

촉각

촉각에 집중할 수 있는 건 그림 그리기, 글쓰기 등이다. 손으로 만져서 할 수 있는 것. 설거지를 해도 되고 이불을 정리해도 되고 메이크업을 해도 된다. 나는 꽤 자주 그림을 그렸다. 어느새 우울한 생각은 기억도 안 나게 되었고 그림에 집중하다 보면 흥미로운 마음도 생겼다. 글쓰기도 했는데, 주로 내 생각에 함몰되기보다는 제 3자의 입장에서 지켜보는 시점이었다. 글을 쓰거나 그림을 그리면 내가 적는 선이 삐딱한지 올곧은지 신경을 자연스럽게 쓰게 된다. 그림 그릴 때는 색연필, 수채화 같은 채색 도구도 사용했다. 예쁜 색만 골라 제멋대로 칠하다 보면 색감이 예뻐서 미소가 지어지기도 했다. 즐거웠다. 처음에는 신기했다. 우울했는데 어느새 즐거워진 것이 말이다. 내가 쓴 글과 그림들은 우울한 시간 나와 함께 해 준 친구들 같았다.

청각과 후각

청각과 후각에 집중할 수 있던 방법은 근처 숲길 산책하기였다. 나무가 많은 곳을 산책하면 풀 내음을 맡으며 산들거리는 바람소리도 들을 수 있다. 또한 산책을 하며 노래를 들으면 집에서 들을 때와는 달리 노래가 더 잘 들렸다. 윤홍균 저자의 저서 『자존감 수업』의 내용에 따르면, 산책을 할 때는 오른발과 왼발을 동시에 사용하기 때문에 우뇌와 좌뇌를 동시에 자극해 자기 확신적인 생각을 스스로가 받아들이기에 좋다고 한다.

청각과 후각에 집중할 수 있는 다른 방법은 놀랍게도 샤워하기가 있다. 기분이 더러워지기 딱 좋은 시간 저녁에 샤워기를 틀어 물소리를 듣고 내가 좋아하는 라벤더 바디 워시로 나를 씻겼다. 나를 대우해 주고 깨끗하게 해주고, 돌봐주는 행위인 샤워하기를 하면서 청각과 후각에 주의를 돌리기 때문에 부정적인 생각보다는 현재 샤워에 더 집중하게 된다. 물을 묻히고 거품을 헹궈내기 위해 사람은 적어도 15분은 움직이게 된다. 이렇게 샤워하면 우울한 생각의 관성을 깨부술 수 있다. 그 지독히도 강한 흐름을 끊고 나를 돌보아 주는 행위를 끼워 넣는 것이다.

마치며

이렇게 시각, 촉각, 후각, 청각 등 다양한 감각으로 주의를 돌리며 오히려 좋은 시간을 보낼 수도 있다. 솔직히 이렇게 실천하기까지가 쉽지만은 않다. 익숙해지면 향유하는 취미가 되지만, 처음에는 그렇게 처절할 수가 없다. 내가 우울감에 절어 있을 때 어떤 마음으로 샤워를 하고 산책했는지는 말로 다 설명할 수가 없다. 그 정도로 나는 간절했다. 간절하게 글을 썼고 처절하게 산책했다. 나가기가 죽도록 싫어도 산책했다. 다시 말하지만 결코 즐겁기만 한 일은 아니다. 필사적이어야만 할 수 있고 '이렇게까지 해야 하나?' 생각이 들 정도로 지독한 일이다. '나 진짜 씻기 싫어' '나 진짜 침대에서 나가기 싫어' 이렇게 생각해도 어쩔 수 없다. 가혹하게 느껴져도 씻고, 산책하게 만들어야 한다. 세상에서 가장 소중한 존재를 대하듯 나를 대해야 한다. 더 이상 스스로를 방치하고 우울증을 방패삼아 인생을 그르치게 둘 수는 없다. 이대로 가장 젊은 오늘의 남은 시간을 흘려보낼 수는 없다.

이 방법을 실천하기로 마음먹은 사람들에게 당부하고 싶은 말이 있다면, 절대로 안일한 마음으로 저 행위들을 하지 말라는 것이다. 필사적으로 수행해야만 한다. 자신의 몸과 기분을 돌보는 건 우리를 낳아준 어머니가 우리를 돌보아준 것만큼이나 중대한 일이기 때문이다. **어렵다. 고통스럽다. 맞다. 모두 동의한다. 그럼에도 불구하고 해야 한다. 그럼에도 불구하고 살아내야 한다. 그럼에도 불구하고 날 돌봐야 한다. '그러나'라는 말로 내가 기울어져 가는 걸 합리화하면 안 된다. 우울한 우리들은 '그러나'보다는 '그럼에도 불구하고'라는 말을 더 자주 해야만 한다. 그래야만 우울보다 빠르게 갈 수 있다.**

아침의 작은 실천, 모닝페이지

우울증을 개선하기 위해 나는 아침마다 글을 쓰기도 했다. 모닝페이지는 내가 우울증을 개선 하기 위해 매일 아침마다 쓴 글이다. 모닝페이지에 대해 알게 된 건, 줄리아 카메론이 쓴 『아티스트 웨이』라는 책을 읽고 나서였다. 대학교 3학년 때 카페에서 친구를 기다리며 읽은 책이다. 영화감독을 꿈꿨던 친구는 예술에 관심이 많았다. 나도 예술이나 예술과 관련된 꿈을 이루는 데에 관심이 한창 많던 시기라 그 친구의 책을 빌려 읽었다. 이 책에서 말해주는 모닝페이지의 궁극적인 목표는 아티스트가 예술적 영감이나 글감을 얻기 위함이다. 나는 예술가가 영감을 찾아 해매는 과정이 우울증이 있는 사람들이 진보하기 위해 애쓰는 것과 일치한다고 생각했다. 둘 다 처절하고 아름답다. 모닝 페이지에 해답이 있다고 생각했다.

"패배감에 사로잡혔을 때는 내면의 창조성을 계속 떠받칠 수 있는 어떤 행동을 당장 해야 한다. 장미 한 송이나 스케치북 따위를 사는 하찮은 행동일지라도, 그것은 내면의 창조성에게 '나는 네가 있다는 것과 네가 겪고 있는 고통을 알아.

앞으로는 너에게 더욱 가치 있는 미래를 약속할게'라는 의지를 보여준다" –『아티스트 웨이』중에서

창조성은 예술에도 필요하지만 우울증 환자처럼 여러 가지가 고갈된 사람에게도 필요하다. 아니 절실하다. 우울증을 오래 겪은 사람들은 삶을 살아가는 방법이나 감정을 대하는 방법이 굉장히 미숙하다. 때문에 창조성을 발휘해서 마치 건물을 짓듯이 차곡차곡 새로운 것들로 쌓아 가야 한다. 더 견고한 건물을 지어야 한다. 견고한 사람이 되기 위해서 말이다. 견고한 건물을 짓는 데에 여러 사람의 땀이 필요한 것처럼, 견고한 사람이 되기 위해서는 그 자신의 실제적인 노력이 필요하다. 이 노력을 나는 모닝페이지를 쓰는 데에 들이는 10분이라는 시간을 들이는 것이라고 정의하고 싶다.

매일 아침잠에서 깨어나자마자 의식의 흐름에 따라 3쪽 정도 글을 쓰는 것을 모닝페이지라고 줄리아 카메론은 정의했다. 그녀는 노트도 태블릿pc가 아닌 그냥 손으로 쓰는 아날로그 노트가 좋다고 했고 세 페이지에 걸쳐 말했다. 그리고 잘못 쓴 모닝 페이지도 없다고 하면서 일단 어떻게든 쓰는 것을 강조했다. 하지만 나는 이를 우울증 환자가 우울증을 개선하기에 적합하도록 나만의 가이드라인을 만들었다.

이 가이드라인이 마땅히 모닝페이지에 뭐라고 쓸지 감이 안 잡히는 사람에게 도움이 되리라 생각한다. 만약에, 이렇게 쓰고 싶지 않은 날이거나 자신은 양식을 따르지 않고 싶다는 생각이 드는 사람이라면 그래도 좋다. 다만 그래도 무언가를 얻는 글쓰기를 하는 게 좋다. **증오의 감정으로 사람을 끌어 내리거나, 좋지 못한 결론을 내리는 글쓰기만은 하지 말아준 다면 좋겠다.**

언제 쓸까?

모닝페이지는 웬만하면 하루를 시작할 때 쓰는 것이 좋 다. 일어난 지 얼마 안 된 시간은 잠재 의식과 가까운 시간이 라서 모닝페이지에 쓰는 내용을 잠재의식에 욱여넣을 수 있 기 때문이다. 내가 '오늘 도서관 가서 공부해야지'라고 오후 4~5시에 생각하는 것과 아침에 일어나자마자 모닝페이지 에 '오늘 오후 6시 도서관에 가서 공부를 해야겠다'라고 적는 것은 실행력에 큰 차이를 보여줄 것이다. 아침에 적어 넣은 내용은 잠재의식에 박히기 쉽기 때문에 어딘가를 가야하거 나 무언가를 해야지라는 생각을 당연하게 받아들이는 것처 럼 자연스럽게 행동하게 된다. 마치 샴푸를 한 다음에는 물로 헹구는 것처럼 말이다. 잠재의식과 가까운 아침시간의 이로운 면을 활용해서 이득을 보는 것이 목적이다. 하지만, 아침에 모닝페이지를 쓰지 못 하고 오후가 되어 버렸거나, 오후가 되어서 기상했기에 망했다고 생각할 필요는 없다. 나는 그냥 오후 3시에 일어나도 모닝페이지를 적었고 아침에 잊어버려도 오후에라도 적었다. 오후 3시에 일어나서 쓰는 글 또한 아침과 마찬가지로 일어난 지 얼마 안 된 시간이기에 잠재의식과 가까워 아침에 쓰는 모닝페이지와 동일한 효과를 얻을 수 있고 아침에 쓰지 못 하고 오후에 쓰는 것은 아침에 쓰는 것 만큼 효과가 있지는 못 하겠지만 그렇다고 포기하는 것은 더 비겁하다. 그리고 안 쓰는 것보다 쓰는 것이 더 효과가 있었다. 신기하게도 글을 쓰는 것 자체만으로 기분이 좋아지기도 했다. 손가락을 움직여서 글을 쓰는 행위가 전두엽의 기능을 회복하는 데에 도움이 되기 때문에 그렇고, 나 자신과의 약속을 지켜서 도파민이 분비되기 때문이다.

목적은 무엇인가?

글을 쓸 때는 목적을 정하는 게 중요하다. 본능대로 살지 않기 위해, 나의 현재를 미래로 끌고 가기 위해, 쉬고 쾌락만을 향유하지 않으며 편리하고 편안한 것만을 추구하지 않기 위해, 불편함에도 올바른 길로 나를 '끌고 가기' 위해.

이처럼 어느 정도 무거운 목적이 반영되어야 한다. 따라서 모닝페이지에는 일종의 강제성이 요구된다. 나 같은 경우, 우울증이 심했을 때는 5분이라도 모닝페이지를 쓰는 게 곤욕이었다. 그래서 일어난 직후 쓰지 못 했을 때도 많았지만 그래도 억지로 썼다. 지금도 모닝페이지를 주 3-4회는 꼭 쓰는데 여전히 쓰기 귀찮고 짜증이 난다. 무엇보다 시간이 아깝다는 생각도 든다. 하지만 시간을 내서 해야 할 만큼 모닝페이지는 나의 우울증과 내 삶과 내 예술적 영감에 큰 영향을 미쳤다. 이 필요성을 알기 때문에 억지로라도 강제적으로 쓰는 것이다. 하기 싫어도 쓴다. 내 사업, 내 인생에 대한 책임감이 있기에 하기 싫어도 하는 것이다. 어제의 나와 한 약속이기에 써야 한다. 그리고 정말 중요한 포인트. 모닝페이지가 결코 감성일기가 되어서는 안 된다.

필수로 들어가야 할 내용

오늘을 어떻게 보내고 싶은가에 대한 내용이 꼭 들어가는 게 우울증 회복에 좋다. 현재 울적한 기분과는 별개로 상상하기를 이상적인 하루를 적어보는 것이다. 내 하루를 디자인하는 것이다. 이 때 중요한 포인트는 이 계획이 나의 이상과도 관련이 있어야 한다는 것이다. 우울증 환자에게 모닝 페이지는 거시적인 10년 뒤를 바라보는 것보다는 당장 오늘 하루를 잘 보내기 위한 수단으로서의 가치가 더 크다. 그래도 10년 뒤, 5년 뒤 희망하는 바를 자유로이 적어도 된다. 이건 해도 되고 안 해도 된다. 하지만 오늘의 내용은 필수적으로 적어야 한다.

모닝페이지 공식

모닝페이지를 쓸 때는 일종의 규칙이자 공식 같은 게 있다. 왜냐면 우리는 분명한 목적을 가지고 모닝페이지를 쓰기 때문에 최소한의 공식이 있어야 손쉽게 좋은 답, 좋은 목적에 도달할 수 있기 때문이다. 처음에는 의식을 하면서 써야겠지만, 나중에는 어느새 공식이 체화되어 자연스럽게 쓸 수 있을 것이다. 그렇게 되면, 글뿐만 아니라 마음까지도 어느

새 자연스럽게 쉽게 긍정적이며 열정적이고 생명력이 가득한 사람으로 변할 것이다.

1. 현재 이야기를 나열 → 미래 이야기 언급

희망하는 미래로 가기 위해 (예를 들면 우울증이 나아진 상황 또는 취직이나 꿈을 이룬 미래) 필요한 현재의 행동과 필요한 마인드를 생각해본다. 여기에는 상상력이 요구된다. 이렇게 상상하는 것만으로도 나의 뇌를 자극해서 좋은 미래로 나를 데려가기 위해 뇌가 알아서 세팅할 가능성이 크다. 행동할 방침은 다른 이들에게서도 쉽게 정보를 얻기 좋다. 좌절했을 때 해야 할 것, 자신 없을 때 해야 할 것, 실행하는 방법, 게으르지 않고 자연스레 성실해지는 법. 나는 오히라 노부타카의 『게으른 뇌에 스위치를 켜라』라는 책을 통해 행동력을 높이는 방법에 대해 간단하고도 유용한 정보를 많이 얻었다.

2. 부정적인 감정 → 긍정적 용기로 전환 필요

현재 부정적 감정을 나열한다. 이때 필요한 건 '용기'라는 것을 적는다. 부정적 감정을 어떻게 용기로, 좋은 긍정적 감

정으로 바꿀 수 있을까 생각해본다. 이때 내가 사용한 방법
으로는 다음이 있다. 부정적 감정에 매몰되어 과하게 생각하
지 않기, 다른 감각으로 주의를 돌리기, 산책, 음악듣기, 책
읽기, 친구랑 막 수다 떨기, 설거지 해 보기 등이다.

3. 혼란하거나 찜찜한 상태 → 정돈된 마음 상태
혼란스러운 상태일 때는 글로 꺼냈을 때 생각보다 생각이
정돈된다. 왜냐하면 내 어려운 감정을 머릿속에만 안고 있을
때는 도무지 어떻게 할 수 없다는 생각으로 두려워지고 불안
해지고 이는 공황 장애로 이어질 가능성이 크지만 이를 글로
꺼내서 적어본 후에 자신이 직접 육안으로 확인하면 불안과
혼란스러운 상황이나 감정에 대해 규명했기 때문에 질서가
생긴다. 통제할 수 있게 되는 것이다. 애매했던 것이 확실해
지는 것이다. 이렇게 함으로 애매한 문제를 구체화 할 수 있
다. 문제가 구체화되면 두려움, 불안은 감소하고 이를 해결
하고 대처할 방법이 무엇인가 쪽으로 두뇌가 굴러간다. 해결
할 방법이 무엇인지에 대해 떠오르는 행동 강령을 나열해서
적어본다. 행동할 것을 적으면 아침이기 때문에 무의식, 잠
재의식이 나도 모르게 기억해서 큰 의지의 필요 없이 행동으

로 잘 이어진다.

4. 마음가짐

모닝페이지를 쓰기 위해서는 마음가짐이 정말 중요하다. 우리는 정직해야 하고 두려움을 스스로에게 숨기지 말아야 한다. 마치 다른 사람이 볼 것을 의식해서는 안 된다. 나만 볼 것이고 적어도 나 자신에게는 솔직해야 한다. 정직함이 무너지는 순간 거짓 글을 쓰게 된다. 이렇게 되면 미래는 오도되고 글은 매너리즘에 빠지며 지속가능하지 않게 된다. 그리고 무엇보다 답을 구할 수 없게 된다. 답을 구하기 위해서는 솔직하게 문제를 직면하는 용기가 필요하고 나에게 문제가 있음을 인정하는 정직함이 필요하기 때문이다.

그밖에 모닝페이지에 들어가면 좋은 내용 디테일
- 자의식 해체
- 두려운 기억 꺼내서 직면하기; 바라는 것을 작성하기
- 감정을 털어버리기
- 고민하는 문제에 대한 답을 찾기(생각보다 글을 쓰다가 답을 찾게 되는 경우가 상당히 많다.)

• 영감 가두기(아이디어가 되는 영감을 꼭 적으면 좋다. 다시 그 글을 들여다보지 않아도 적은 행위만으로 영감이 필요할 때 떠오를 확률이 높아지기 때문이다.)

• 꿈 내용 적기 (이는 내 잠재의식 상태, 내가 바라는 이상을 알아보기 딱 좋다. 많은 예술가와 사업가들은 꿈에서 많은 답과 힌트를 얻었다. 나는 꿈의 내용을 잘 기억하지 못하지만 기억이 날 때는 한 달에 한 번이라도 꿈 내용을 적어본다.)

• 나에게 아쉬운 점을 적는다. 그리고 이를 개선하기 위한 방법도 나름대로 적어본다.

• 내가 좋은 이유를 쓴다 (한창 자기혐오가 심했을 때 자주 썼다.)

• '오늘은 좋은 하루가 될 거야'라고 적는다. 아무리 아침 기분이 별로이며 다운돼 있고 슬플지라도 그와 별개로 오늘은 좋은 하루가 될 것이라 적는다면 나의 뇌는 그런 하루를 보내기 위해 프로그래밍되거나 최적화된다. 글을 쓰는 시점이 잠재의식에 큰 영향을 줄 수 있는 시간이기 때문이다.

이렇게까지 유난스럽거나 힘들게 굳이 모닝페이지를 써

야 하는 이유는 분명하다. 이렇게 글이 나를 바꾸고 나를 미래로 인도해주지 않는다면 글을 쓸 이유는 없다. 책이 얼어붙은 나를 깨는 도끼여야만이 읽을 이유가 되는 것처럼 말이다. 글도 똑같다. 나를 미래로 이끌어주는 천사여야만 한다.

예쁜 옷 단정하게 차려입고

한 아이가 유치원에 다녀오고 잘 놀고 잘 자는 데에는 상당히 많은 손길이 필요하다. 이전까지는 모두 어머니가 담당한 노동을 청소년기를 거쳐 스스로 하게 된다. 그리고 어른이 되면 그것이 습관처럼 남아 자연스럽게 스스로를 돌보게 된다. 하지만 흔적처럼 남은 자기 돌봄의 행동들이라 왜 그런 행위들이 중요한지 자각하지는 못 한다. 스무 살, 나름 성인이 된 상황에서 우리는 다시 질문해야 한다. 전에는 자동으로 남이 해준 일을 스스로 하기 앞서 질문해야 한다. 답을 얻기 위해 질문해야 한다. 우울증으로 스스로를 방치하는 사람은 이런 류의 질문을 하기에도 적합한 상태이며 답을 구하기도 적합한 상태이다.

나를 방치하는 행동이 무엇인지를 알아야 나를 보살피는 방법을 잘 이해할 수 있을 것이다. 한창 중증 우울증이었을 때 나는 학교도 안 가는 휴학생이었고 남자친구와도 헤어졌으며 친구랑도 연락을 하고 있지 않았다. 세수조차 이틀에 한 번 할까 말까였고, 삼일에 한 번 샤워했다. 말그대로 나를 방치했다. 더럽고 냄새나도록. 정성스럽게 기른 허리까지 오는 머리칼이 흉물스럽게 느껴졌다. 방 여기저기 떨어져 있는 내 머리카락을 보자니 내 머리카락을 쥐어뜯고 싶은 심정이었다. 내 더러움이 내 몸에도 내 방 바닥에도 널부러져 있는 기분이었다. 충동적으로 미용실에 가서 턱까지 단발로 머리를 잘랐다. 더 이상 머리가 길 필요 없잖아. 침대에 누워있기에 좋지 못한 헤어스타일을 버리고 편한 단발로 잘랐다. 지금 생각하면 정말 나에게 정말 못됐구나 싶다. 너무했다 정말. 진짜 그러지 말 걸. 우울증과 폭식증이 같이 도져서 저녁을 먹고 후식으로 치킨까지 먹고 과자 두 봉지랑 아이스크림을 먹고 또 젤리를 씹다가 잤다. 잠이 오기 직전까지 먹기만 하다가 잤다. 먹을 때는 불안하지 않아서 그랬었나. 살이 쪄서 매일 똑같이 반팔에 펑퍼짐한 바지. 큰 사이즈의 바지 세 벌과 후줄근한 반팔 세 벌을 돌려 입었다. 전처럼 치마나 블라우스 같은 것도 안 입고 말이다. 나를 방치하는 방법을 이렇게나 착실하게 실천하며 날 보살피지 않았다. 이렇게 하는 게 방치하는 방법이다. 잘 씻지 않고 후줄근하게 입도록 내버려 두는 것. 머릿결 관리도 하지 않는 것. 옷도 늘 대충 대충 입는 것. 날 대우 해주지 않는 것. 날 귀하다 여기지 않는 마음이다. 이렇게 해서는 있던 자존감도 낮아진다.

이번에는 나를 보살피는 방법이 무엇인지 생각해보자. 어디 가서 사랑 받는 아이라는 생각이 드는 경우를 떠올려보자. 그 아이는 깨끗하고 잘 다려진 옷을 입고 있다. 비싼 옷이 아니더라도 청결한 깔끔한 옷차림이다. 옷에서 어머니의 사랑이 드러나는 것이다. 피부결도, 머릿결도 깨끗하고 빛이 난다. 옷도 딱 맞는 사이즈이며 멋스럽지는 않아도 단정한 헤어스타일을 갖고 있다. 매일 씻은 것을 드러내는 힌트는 비누향이 나는 체취 그리고 옷에서 나는 포근한 섬유유연제 향기. 이것들은 모두 어머니가 사랑으로 보살핀 결과다.

우리들은 모두 잘 알고 있다. 어떻게 하는 게 나를 잘 돌보는 것인지 방치하는 것인지. 나를 방치하면 방치할수록 영혼이 병든다. 병들어서 몸부림친다. 그게 우울증이라는 현상으로 드러나게 되고 더 심해지면 전두엽의 기능까지 저하돼서 언제 씻었는지조차 기억도 안 나는 사람이 되어 버린다.

매일 씻고 몸을 가꾸어야 한다. 전에는 부모님이 대신 해주던 보살핌의 일. 그 책임이 이제 오롯이 나의 몫이 된다. 아침에 씻는 이유는 다른 사람을 배려하기 위해서도 맞지만 무엇보다 나 자신을 가꾸기 위해서도 맞다. 자동차도 마찬가지이다. 세차하지 않아도 자동차는 잘 굴러간다. 하지만 자동차를 잘 가꾸는 것을 통해 차주가 자동차를 얼마나 잘 돌보고 아끼는지 알 수 있다. 스스로를 깨끗하게 씻기고 기름때를 제거하고 머릿결도 신경 써 주며 깨끗한 옷을 입어야 한다. 우울증에서 빠르게 벗어나기 위해서는 나를 살리고 챙기고 보살피려는 마음이 기본적으로 있어야 한다. 물론 막막할 수 있다. '나는 이미 나를 사랑하지 않아, 그런데 어떻게 나를 잘 대할 수 있어?' 이럴 때 가장 좋은 방법은 자기를 잘 사랑하는 사람들이 하는 행동을 모방하는 것이다. 일단 흉내라도 낸다. 그러면 그것들이 나의 것이 된다. 나의 것이 될 때까지 한다. 샤워가 상쾌하다고 말하는 사람들이 처음에는 나도 이해가지 않았다. 상쾌함보다는 고되다는 생각, 귀찮다는 생각, 괴롭다는 생각이 먼저였다. 하지만 나도 상쾌함이 더 크다는 것을 이해하기 위해 억지로라도 하루 한 번 꼭 샤워를 시작했다. 가능하면 두 번 하고 한 번은 꼭 샤워했다. 샤워하고 싶은 생각이 드는 날, 샤워가 내키는 시간에 샤워를 하겠다라는 생각을 하며 지난 날 샤워를 긴 시간 동안 미루어왔다. 우울증을 겪으며 알게 된 사실은, 그런 하고 싶은 기분이 드는 날은 정말 오지 않는다는 것이다. 그런 날이 오기까지만을 기다리다가는 세상이 끝나겠더라. 그런 기분과 그런 날은 오지 않는다. 세상은 가만히 있는다고 되지 않는다. 가만히 있어도 다 해결되는 것처럼 보이는 사람은 이미 과거에 값을 전부 치렀거나 앞으로 값을 치를 예정이거나 또는 남이 대신 치르고 있거나 그중에 하나일 테다. 절대 가만히 있는다고 되지는 않는다. **처절해서 창피한 감정이 들 정도로 애써야 한다. 정직하게 애써야 한다.** 나를 돌보기 위해 애써야 한다. 애쓰다 보면 내가 이렇게까지 해야 하나? 이런 생각이 든다. 이럴 때가 고비다. 이렇게까지 해야 하는 게 맞다. 사람은 원래 애쓴다. 세상의 주인공처럼 보이는 사람들은 더 애쓴다. 생은 본디 처절하다. 처절하게 애쓰는 사람은 분명 구원받으리라.

딱! 세 문제만 풀자

우울증인 사람들은 막막하다. 우울증일 때도 자신의 페르소나와 그에 따르는 본분을 지울 수는 없기 때문이다. 이럴 때 우리에게 필요한 건 책임지는 마음이다. 그런데 책임지겠다는 말을 '완벽해야 한다'로 오해하면 안 된다. 우울증이 있는 사람들 중에는 완벽주의자가 많다. 나는 이를 완벽해야 한다는 생각에 시작조차 하지 않는 실패주의자라고 생각한다. 어쩌면 게으름뱅이다. 그러면서 자신의 게으름을 완벽주의 탓한다. 나는 완벽주의 때문에 못했어. 나는 완벽주의 때문에 자꾸 미뤄. 거짓말. 자기 자신에게 하는 이러한 거짓말이 스스로를 병들게 한다. 그것도 심각한 정신병을 가져온다. 완벽주의자를 표방한 게으름뱅이들은 책임을 회피하면서 책임지지 않기를 택한다. 하지만 책임지지 않으면 자유를 얻을 수 없다. 책임을 진다는 건 완벽해야 한다는 뜻이 아니다.

내가 그것을 위해 시간을 들이고 있느냐 아니냐로 책임을 지고 있는지 아닌지를 알 수 있다. 내가 기말고사 공부를 위해 하루 1시간이라도 공부하는 데에 시간을 들이고 있으면 나는 책임지고 있는 것이다. 내가 남자친구와의 관계를 위해 하루 중 시간을 들여 함께 하는 시간을 보내고 있다면 그 관계를 책임지고 있는 것이다. 완벽해지는 것은 그 다음의 문제다. 완벽에 가깝게 가려면 일단 대충이라도 시작을 해야 한다. 대충하는 것은 정말 중요하다. 완벽주의자인척하면서 게으름 피우는 사람 말고 실제로 완벽하다고 생각이 드는 사람들은 완벽해야지라는 생각보다는 대충이라도 시작한다. 매일 대충을 쌓는다. 대충한다. 대신 매일 시간을 들인다. 대충이 두 번이 되면 적당히가 되는 것이고 적당히가 세 번 모이면 높은 완성도가 되는 거고 높은 완성도가 두 번 되면 완벽해지는 것이다. 대충 대충 매일 하는 사람이 완벽하게 일년 중 한 번 하는 사람보다 더 완벽한 결과물을 낸다.

야속하게도 내가 정말 정말 우울할 때에도 나는 할 일을 해야 했다. 과제도 해야 했고 당장 다음 주인 기말고사도 준비해야 했다. 수학학원 알바 준비도 해야 했다. 정말 우울해서 모든 것을 두려워하고 있고 아무 것도 할 수 없다고 생각할 때도 나에게는 내가 맡은 일들이 쌓여 있었다. 나는 늘 상담선생님께 말했다. 선생님 저는 우울할 때 공부하기 싫어요. 공부도 잘 안 되고 말이에요. 근데 맨날 우울해서 맨날 공부하기 싫어요. 선생님은 늘 똑같이 말하셨다. "그러면 세 문제만 푸세요." "그러면 한 쪽만 읽으세요." "피피티 한 장만 읽으세요." 이는 일리가 있는 말이다. 『게으른 뇌에 스위치를 켜라』라는 책에서는 일단 책 펼치기, 노트북 펼치기 이렇게 시작만 하는 것도 좋다고 했다. 이렇게 말씀하시는 선생님 앞에서 나는 변명할 수 없었다. 아무리 우울해도, 양심적으로 피피티 한 장은 읽을 수 있기 때문이다. 솔직히 세 문제는 껌이기 때문이다. 아무리 우울해도 세 문제는 가능하지 않나? 한 쪽만 읽는 건 5분도 안 들기 때문이다. 나는 그래서 정직하게 한 장만 읽고 세 문제만 풀기에 전념했다. 죽도록 우울해서 아무것도 하기 싫을 때에도 세 문제 풀기, 한 장 읽기를 시작한 거다. 이렇게까지 하는 내가 참 대견해지는 순간들이었다. 그런데 신기한 건, 그렇게 시작한 다섯 번의 시도 중에서 네 번은 공부를 이어서 했다는 거다. 내가 하고자 한 분량보다 더 읽었고 내가 풀고자 한 세 문제 보다 더 풀었다. 어쩔 땐 10문제를 풀기도 했다. 어떤 날은 그렇게 우울할 때 공부를 시작했는데 어느새 공부에 집중해서 1~2시간이 흐르기도 했다. 공부에 집중하느라 우울한 감정을 잊어버리기도 했다.

이런 식으로 대충하기로 마음먹은 학기에 평소 완벽주의를 내려놓지 못 했을 때보다 좋은 학점을 받았다. 스트레스도 덜했다. '대충 B나 받자'했는데 A를 받기도 했다. 참 쉬웠다. 그치만 참 어려웠다. 쉬우면서도 어려웠다. 시작하는 게 어렵고 일단 시작하면 쉽다. 마치 우울증처럼 말이다. 회복하고자 용기를 내는 게 어렵지만, 막상 시작하면 생각보다 아주아주 잘 나아갈 수 있다. 너무 걱정 말고, 일단 시작하자. 세 문제라도, 한 쪽이라도!

보내고 싶은 하루 글로 적어 계획하기

솔직히 말하자면 내 삶에 더 이상 기대하는 바가 없었다. 여행을 가도 재미가 없었고 친구를 만나도 재미가 없었다. 초등학생 때는 이러진 않았던 거 같은데. 중학생 때부터인가 늘 즐겁지 않았다. 대학생이 되어서 조금 더 자유가 생겼지만 나는 그 자유를 지각, 조퇴, 결석하는 데만 썼다. 나한테 즐거운 일은 뭘까? 내 친구들은 여행을 가서 너무 좋았다고 했다. 다들 학교 오는 게 좋아보였다. 한강에 가는 것도 즐겁다고 했고 대학생임에도 놀이공원을 다녀와서 즐겁다고 했다. 인스타그램도 재미있다고 했다.

이 모든 건 나에게는 공허했다. 아침에 일어날 때면 별로 일어나고 싶은 생각이 들지 않았다. 매일 아침 근본적인 질문에 대답할 수 없었다. 오늘은 어떤 즐거운 일이 있을지 기대되지 않았다. 오늘은 또 어떻게 버텨야 하나 막막한 각오를 해야 했다. 오늘도 나름대로 좋은 학생이 되자고 생각할 뿐이었다. 당시 남자친구가 있었지만 그와도 관계가 그리 좋지 못했다. 부모와도, 새롭게 잘 해보려던 남자친구와도, 친구들과도 관계가 그닥 좋지 못했다. 나는 저주받은 것처럼 늘 뭔가를 그르치는 여자아이일까? 그런 생각들로 내 인생은 재미가 없었다.

이런 생각들을 한창 하던 시절은 대학교 1, 2학년 정도였다. 뭐 크게 불만은 없었다. 그냥 염세주의를 긍정하기만 하면 되는 문제였다. 그래, 나는 늘 원래 이랬었지. 근데 우울증이 중증에 다다른 대학교 3학교 때는 이 문제가 정말 심각했다. 다음날 일어나고 싶지 않아서 계속 잤더니 진짜 오후 5시에 일어나거나 자고 또 자고 어지러울 정도로 자는 현상이 일어났기 때문이다. 뭔가 정말 단단히 잘못되었다고 생각해서 근본적인 질문에 제대로 답해보기로 다짐했다. 내가 좋아했던 건 무엇인가? 내가 즐겁다고 생각하는 것은 무엇인가? 내가 좋아하는 일은 무엇인가? 내가 잘하는 건 무엇인가?

점점 노련해졌다. 보내고 싶은 하루에 대해 미리 계획하기 시작했다. 다음날이 기대되도록. 내게 남자친구가 있든, 화목한 부모님이 있든 말든 나 혼자서라도 기대할 만한 날을 은밀하게 계획했다. 일어나서 숲길을 산책하고 깨끗이 샤워하고 나서 여유롭게 좋아하는 화장을 공들여서 하고 가보고 싶던 카페에 가서 수업도 잘 듣고(당시 코로나 학기였다) 과제도 하자. 거기서 신촌 거리 해가 지는 풍경을 보며 읽던 책을 마저 읽고 전부터 먹고 싶던 냉면집에서 냉면과 만두를 맛있게 먹고 집에 오는 길에는 예쁜 꽃을 사서 돌아오자. 자기 전에는 노트에 꽃 그림 낙서나 하다가 약을 먹고 나른하게 잠을 자자. 이런 식으로 하기 싫은 공부는 가고 싶은 카페에서 하는 것으로 계획해 조금이라도 더 하고 싶게 만들었다. 귀찮은 샤워는 상쾌해지는 것을 기대하는 쪽이 되도록 돈을 들여 좋은 바디 워시를 샀다. 그리고 샤워 끝에는 매일 기분따라 다르게 하는 메이크업 시간을 배치했다. 내일은 어떤 메이크업을 할까? 다음에는 이런 메이크업을 해볼까? 이렇게 기대하는 시간이 소중했다. 먹고 싶은 것도 대충 먹지 않고 예쁘게 플레이팅해서 먹었다. 일상에 작은 행복들, 정갈한 미학, 재미있는 요소들을 배치해 넣어서 내일이 기대되게 했다. 자기 전에 펜으로 그림을 그리는 시간도 하찮지만은 않았다. 어린 시절 그만둔 그림을 다시 시작하는 것만으로도 나에겐 가슴 떨리는 시간이었다.

당신들의 하루도 기대되지 않는가? 좋아하는 일은 없고 즐거울 일은 없다고 염세주의에 빠져 있는가? 그렇지 않다. 우리들의 하루가 재미없는 이유는 우리가 자발적으로 재미없을 것이라고 믿어버렸기 때문이다. 단정지어 버렸기 때문이다. 쉽게 믿어버리고 쉽게 포기해버리고 쉽게 단정지으면 더 큰 슬픔의 날을 앞당긴다. 그 날이 오면 울며 겨자 먹기로 어떻게든 해야 하는 지경에 이른다. 그 지경에 다다라서도 우리는 필사적으로 노력해야 한다. 하루를 잘 보내기 위해서 말이다.

남들은 별로 힘을 들이지 않아도 좋은 하루를 보내는 것 같다고 투덜거릴 시간이 없다. 그들은 하루가 재미없다고 단정짓지 않았다. 지난날들 동안 재미없는 하루라고 믿어버린 우리들이기에 즐거운 하루를 보내는 데에 익숙하지 않은 우리들이기에 '남들'보다 조금 더 익숙해지는 데에 시간이 필요할 뿐이다.

꼭 사지는 않더라도 서점과 옷가게 그리고 악세사리 샵 구경하기. 혼자 산책 가서 예쁜 풍경사진 찍어오기. 탄천의 귀여운 오리가족들과 노을지는 하늘 사진. 그리고 도로 한복판에 핀 작은 들꽃 사진 찍기. 이런 것들이 나를 살게 했다.

엄마와 아빠는 시간 낭비하지 말고 공부나 하라고 했지만 그런 말들에 갇혔다가는 죽을지도 모른다는 걸 알게되었다. 생각보다 죽음과 가까운 말을 기성세대들은 쉽게 말한다. **생각보다 쉽게 우리는 살 수도 있다. 행복해지는 방법, 구원받는 방법, 사랑하는 방법, 사랑받는 방법, 좋은 하루를 보내는 방법, 꿈을 찾는 방법, 꿈을 이루는 방법 이런 것들은 생각보다 쉽고 간단하고 가까이 있다.** 거짓된 진실을 믿어서는 안 된다. 거짓과 진실이 분간할 수 없게 뒤섞이면 사람의 영혼은 병들어 슬퍼진다. 그게 우울증이라는 현상으로 드러난다고 생각한다.

내가 나에게 꽃을 선물하는 일

일 년 만에 헤어진 남자친구가 있었다. 그 관계에서 내겐 어떤 순간이 기억에 남았을까. 나는 남자친구가 꽃을 줄 때 기뻤다. 꽃 선물을 받는 내가 소중한 사람이 된 기분이었다. 꽃을 둔 공간마저 아름다워 보였고, 꽃이 아름다워 나까지 아름다워지는 기분이었다.

그래서 나는 일주일에 한 번씩 만오천 원이나 이만 원 어치의 꽃을 사서 내 방 물병에 꽂아두게 됐다. 내가 나에게 꽃을 선물하는 것이다. 어차피 시들 꽃이지만 그래서 소중한 꽃이기에, 이렇게나 사치스럽고 연약한 꽃보다 내가 더 귀중한 존재라는 생각에 기뻤다. 일주일에 한 번은 꽃집에 가는 날을 정했다. 알바를 열심히 해서 돈을 쓸 때 진정으로 가치 있다고 생각한 소비는 꽃집에서 꽃을 사는 일이었다. 집에 엄마가 해둔 밥이 있어도 햄버거를 사 먹는 내가 한심할 때도 있었지만 꽃을 사는 일 만큼은 숭고했다. 나를 소중히 하고 나를 지키며 나를 사랑하는 일종의 의식인 날이었다. 일주일에 한 번이라도 꽃을 사는 날은 기대되기 시작했다. 나 혼자만의 데이트를 하는 기분. 신촌 거리 꽃집으로 갈까? 이대쪽 꽃집으로 갈까? 어떤 옷을 입고 어떤 색의 꽃을 살까? 돈이 부족해 두 송이만 사오는 날도 나는 즐거웠다. 진정으로 즐거워본 적이 언제였던가?

　누군가 내게 "왜 너는 너를 위해 꽃을 사니?" 물어도 알바 아니었다. 나는 인생이 너무 재미없어서 취직이니 학점이니 모르겠고 영원히 자고 싶었던 사람인데 단 돈 이만 원에 이렇게나 즐거워지는 게 절망스러우리만치 기뻤다. 그만큼 나는 처절했다. 죽어가는 나를 살려야만 했 고 어떻게든 살아갈 이유를 만들어야 했기 때문이다. 당신도 처절하기를 바란다. 얼마나 더 괴로워야 처절하고 솔선수범하게 자신을 살릴 것인가. 부모도, 가족도, 남자친구도, 내 친구도, 할머니도, 국가도 나를 살려주지 않는다. 오직 나 자신만이 나를 살려낼 수가 있다.

증상에 직면하여 맞서 싸우기

내 우울이 중증에 접어들었을 때, 나는 말을 더듬었다. 하도 사람과 대화를 안 하니까 그런 것도 있지만, 실제로 멍청해진 느낌이 강했다.

이런 때일수록 더 말하려고 노력해야 한다. 더 말하면 지능이 돌아온다. 자꾸만 노력하면 뇌는 회복된다. 나는 게임을 하면서도 보이스톡으로 말하면서 하려 노력했고 마음이 맞는 친구와 전화 통화도 자주 했다. 내가 요즘 우울해서 말 좀 하고 싶어 했을 때 받아주는 친구가 있어서 감사했다. 하루 20~30분이라도 전화를 했다. 친구랑 못 말해서 외로울 때는 피시방에 가서 게임을 하며 같이 게임에 접속한 사람들과 대화했다. 그때 친해진 언니랑은 아직도 잘 지낸다. 같은 시기에 우울증을 겪었던 우리는 회복 후에도 서로를 응원하는 사이가 됐다.

물론 말하다 보면 민망한 상황이 생기기도 한다. 내가 말하다가 말을 더듬기도 하고 내가 말을 재미없게 해서 상대가 지루해하는 걸 느끼는 순간도 온다. 이때가 가장 중요한 타이밍이다. 이럴 때 도망치면 안 된다. 사람은 누구나 말을 더듬을 때가 있다. 하물며 대통령도 때로는 말을 더듬는다. 중요한 건 받아들이는 태도다. "아 요즘 내가 말을 더듬어!"라고 당당하게 말하고 다시 똑바로 말해야 한다. 이렇게 했더니 생각보다 다른 사람들이 잘 포용해줬다. 다들 '괜찮아 그럴 수 있지'라고 반응해주었다. 여기서 '너 왜 말 더듬어?'라고 지적하고 무안 주거나 비웃는 사람은 정말 인간성이 덜 된 사람이다. 사람을 걸러 사귈 수 있는 좋은 기회라고 생각하면 될 테다. "요즘 좀 상태가 안 좋아서 말이 잘 안 나와. 그럴 수도 있지 너는 왜 그러냐?" 이렇게 말해야 한다. 이렇게 말하지 못 하더라도 속으로라도 그 사람이 잘못되었지 내가 잘못되었다고 생각해서는 안 된다. 내가 위축되지 않게 나를 응원해주어야 한다. 자꾸만 말 하려고 노력해야 한다. 자꾸만 말할 수 있는 장소로 나아가야 한다. 어느 순간 내가 언제 말을 더듬었었지? 내가 언제부터 괜찮아졌지? 모를 정도로 나아진다.

7장

우리를 다치게 하는
통념에 대한 고찰

외모 강박과 우울증

내 유튜브 채널에 종종 이런 댓글이 달린다. "이레님은 예뻐서 우울할 일이 없지 않나요? 예쁜데 왜 우울하세요?"라고. 이 사람들은 외모와 우울감에 상관관계가 있다고 생각하고 있었다. 어떤 사람은 나와 대화하다가 자기가 우울한 건 못생겼기 때문이라고 했다. 그래서 성형을 하면 관계도 좋아지고 삶도 좋아지고 우울증도 나을 거라고 생각했다고 한다. 그렇게 성형을 했지만 달라진 건 없다고 한다. 그는 자신이 이제 뭘 해야 우울하지 않을 수 있는지 모르겠다고 한다. 정말 외모와 우울감이 상관관계가 있나? 사회가 정한 미의 기준에서 거리가 먼 사람들은 모두 우울하단 건가? 반대로 누가 봐도 예쁘고 아름다운 사람은 우울하지 않을까?

나는 그렇지 않다고 생각한다. 우울감과 외모에는 상관관계가 없다. 내가 아는 한 여자는 정말 예뻤지만, 늘 우울했다. 그 여자는 외적으로 흠 잡을 데가 없는 사람이었다. 얼굴도 작고 가슴도 크고 팔다리도 가늘었다. 역 근처를 거닐면 하루도 안 빠지고 이성이 전화번호를 물어볼 정도였다. 그렇지만 그 사람은 늘 우울했다. 우울감으로 인해 매일 힘들어했고 우울증 약을 많이 먹었다. 자기 자신이 예쁘다는 사실도 인지하고 있었다. 내가 만난 꽤 많은 여성들 중 외모가 예뻐지면 우울함이나 대인기피 증세가 나아질 것 같아서 성형을 했다고 한 사람들이 있었다. 하지만 그 사람은 결국 성형을 해서 외모가 예뻐졌음에도 여전히 우울하며 대인관계에 어려움을 겪고 있다고 전했다. 이러한 사람들을 많이 만나보고 느낀 점은 외모가 예뻐지면 우울증이 개선되는 것이 아니라는 것이다. 외모에 대한 집착은 우울을 개선할 방법을 물색할 때 찾은 비약적인 결론이다. 이는 마치 부자들은 아무 걱정 없겠지. 부자들은 무조건 행복하겠지. 이렇게 막연하게 생각하는 것이나 다름이 없다. 우울하지 않으려고 노력하는 사람은 아름다워진다고 생각한다. 우울하지 않으려고 노력하는 과정에서 스스로를 보살피게 되며 많은 아름다움의 기준은 스스로를 보살핌으로 성취되기 때문이다. 스스로를 잘 씻기고 시간을 들여 헤어 스타일링을 해주며 시간을 들여 정성껏 메이크업을 한다거나 시간을 들여 어떤 옷을 입을지 결정하면 더 예뻐 보이는 것이 합리적이지 않은가? 우울증을 극복하는 과정에서 자신과 사이가 좋아질 수밖에 없다. 어두웠던 표정도 자신감 있는 표정으로 바뀌게 된다. 밝은 표정은 미적으로 더 아름답다. 아무도 아름다운 연예인들이 우울한 표정으로 광고를 찍길 원하지 않지 않는가? 이렇게, 자기 자신이 어떻게 생겼는지와 관계 없이 장점을 계발하며 건강하게 사는 사람은 아름다워진다.

사회적 기준이 각박한 한국은 미의 기준도 정형화되어 있다. 피부색, 화장법, 헤어스타일, 옷 스타일, 체형도 마찬가지다. 모든 항목을 웬만하면 두세 가지로 추릴 수 있을 만큼 아주 적은 스타일만 '예쁘다'라고 칭하며 그 외의 것들은 예쁘지 않다고 생각한다. 하지만 서양은 어떤가. 서양 문화에는 미의 기준이 다양하다. 우리나라의 미의 기준에 부합하지 않게 생긴 사람도 외국에서는 자기 자신이 아름답다고 생각하는 사람이 많다. 이 사람들은 몹시 당당하며 마치 자기 자신이 아름답다는 것을 알고 있는 것처럼 행동한다. 이 사람들을 보고 있자면 점점 헷갈리게 된다. 저게 예쁜 건가? 쌍커풀이 없어도 예쁜 건가? 저런 눈매도 예쁜 건가? 저런 체형도 매력적인가? 여기서 답이 나온다. 아름답고 예쁘게 느껴지는데는 태도가 중요하다는 것. '자기 확신'이라고 표현해 보면 어떨까. 예쁜 사람은 자기가 예쁜 것을 안다. 그렇게 자기 확신을 품는 순간 아우라가 생긴다. 자연히 자신감 있는 말투를 사용하게 되고, 자신을 비하하는 말보다는 스스로의 능력이나 외모를 인정하는 말을 많이 하게 된다. 시선처리도 당당하게 할 수 있다. 맹맹한 눈빛으로 망설이거나 소심한 눈빛이 아니게 된다. 걸음걸이도 자신감이 느껴지게 당당해진다. 반대의 경우 어떨까. 내 친구 중에는 늘 다른 사람의 패션, 한 쇼핑몰이 제시하는 스타일을 그대로 입는 아이가 있다. 자기 확신이 없는 친구다. **남이 예쁘다고 말하는 화장법, 남이 예쁘다고 하는 이목구비를 쫓아간다. 그 친구는 늘 유행에 따라 세련되게 갖춰 입고 다녔지만, 도저히 '예쁘다'라는 생각이 안 들었다. 늘 불안하고 초조해 보이기 때문이다.** 남이 예쁘다고 하는 미를 자신에게 구현했지만 남의 것을 베

졌기 때문에 자신도 없고 다른 사람이 또 예쁘다고 하는 무언가를 새로 업데이트할까봐 늘 쇼핑몰의 신상품을 확인한다. 타인의 인정에서 비롯한 자기 확신은 힘이 약하다.

하지만 요즘 시대의 청소년, 청년들은 유튜브, 인스타그램, 쇼핑몰에서 말하는 미의 기준, 아름다움의 기준, 미학에 자기 자신을 꾸겨 넣으려고 한다. 꾸겨 넣지 못 하면 사회에서 불이익을 받아 인생이 윤택해지지 않으리라 생각하기 때문일 것이다. 어쩌면 우울하기 때문에 사회의 정형화된 미의 기준에 나 자신을 꾸겨 넣으려고 하는 것일지도 모르겠다. 우울함의 근원이 미의 기준에 맞지 않는 자기 자신이라고 잘못된 결론을 내리기 때문일 수도 있다. 외모 개선만이 우울증의 해결책이 아닌데, 심지어 외모 개선도 본인에게 맞는 방향으로 개선하는 것이 아니라 정형화된 미의 기준에 맞춰 개선하려고 하니까 더 피로도가 올라간다고 생각한다. 왼손잡이가 오른손으로 밥을 먹으려고 할 때 영 자연스럽지 못해서 곤란한 기분을 느끼는 것과 비슷한 맥락이라고 생각이 든다. 따라서 나는 남이 심어주는 외모, 체형, 패션에 대한 세뇌적 확신인 정형화된 미의 기준에서 벗어나 자기만의 미의 기준을 구축하게 된다면 또는 여러 가지 종류의 미의 기준을 받아들이게 된다면 외모와 연관된 우울증에서도 한시름 자유로워질 것이라고 생각한다.

초등학생 때 청소시간에 어떤 남자아이가 나보고 '남상'이라고 한 적이 있다. 남자처럼 생겼다는 거다. 나는 눈썹도 짙고 코도 높고 얼굴 골격도 강한 편이다. 그래서 남성적인 면이 부각되었나 보다.

그런데 사실 이 말은 한국을 기준으로 볼 때다. 서양권에서는 대부분의 여자들이 눈썹이 짙고 얼굴에 광대가 있고 턱도 있고 코도 높다. 하지만 동양권에서는 여자들이 대부분 눈썹의 모량이 적고 광대가 보편화되어 있지 않은 덜 입체적인 얼굴이다. 코도 대개 서양 여자들처럼 높지는 않다. 내가 서양권에 있었다면 그냥 보편적인 얼굴일 테지만, 한국에 있다는 이유로 남상이라는 말을 들으며 비하를 당해야 했다.

아직도 청소년기와 20대 초반의 한국 사람들은 적은 종류의 미의 기준만 옳다고 생각하는 경향이 강하다. 대부분 나이를 들어가며 20대, 30대를 지나면 다양한 미의식을 받아들이는 편이긴 하나 강인한 느낌이 나는 광대, 턱, 눈썹, 큰 코, 이런 것들은 아름답지 않다고 치부한다. 분별력이 없던 내 어린시절 나도 나의 얼굴이 싫었다. 하지만 현재의 나는 내가 너무 좋다. 나는 광대와 턱이 있어서 강인한 느낌의 얼굴이라서 좋다. 부드럽지만은 않은 얼굴이라서 좋다. 나는 강한 메세지를 전하기 적합한 사람이라서 좋다. 나는 서양 여성들이 하는 메이크업이 잘 어울려서 좋다. 나는 여전사 같은 룩이나 메이크업이 찰떡같이 어울려서 마음에 든다. 광대가 있냐 없냐, 곱슬이냐 생머리냐, 피부색이 밝으냐 그렇지 않으냐, 코가 높은가 높지 않은가, 진하게 생겼나 흐리게 생겼나. 이 모든 것들은 사실 현상이다. 아름답다고 정하는 건 누구나 할 수 있는 일이다. 사실 따지고 보면 여러 쇼핑몰들의 스타일이 모두 다른 것을 통해 미의 기준이 정말 다양함을 알 수 있다. 이것도 예쁘고 저것도 예쁘다 라고 생각할 줄 알아야 나도 예쁘다고 생각할 수 있다. 아름답지 않다고 생각해서 오히려 숨기려고 하면 사람은 움츠러들고 당당하지 못하게 행동한다. 그래서 실제로는 아름다운데 태도 때문에 더 못생겨 보인다. 내가 가진 얼굴의 특징, 체형의 특징 때문에 우울한 게 아니라 내가 얼굴과 체형이 우울의 이유라고 연결지어서 우울한 것이다. 자신이 갖고 있는 외적인 특징들을 부각하고 아름답게 승화해야 한다. 정 마음에 안 든다면 보완하고 마음에 드는 부분은 강조하는 쪽으로 스타일링을 하는 게 좋다. 이런 스타일링 과정에서 즐거움과 자기 확신을 가질 수 있을 것이라고 생각한다. 여기서 발견하는 자기 확신은 남의 것과 전혀 다르다. 아무도 말한 적 없는 기준. 내가 정한 기준과 자기 확신을 긍정하고 나아간다면 내 말과 행동도 그에 맞게 드러난다. 그러면 다른 사람들도 분명 아름답다고 생각하게 된다. 하지만 이쯤 되면 더 이상 남이 나를 어떻게 생각하는지는 상관이 없어진다. 필요 없기 때문이다. 이미 나는 나를 확신했기에, 더 이상 다른 이가 나를 평가하는 것이나 다른 이가 나를 대하는 태도는 중요치 않아지기 때문이다.

우울의 단짝, 섭식 장애

다이어트 회사에서 매니저로 일했던 적이 있다. 거기서 다양한 사람들을 만났다. 폭식증과 거식증을 앓는 사람들 중에서는 우울증이 없는 사람을 본 적이 없다. 그들은 우울해서 폭식하고 폭식해서 또 우울해지는 악순환의 굴레에 있었다. 우울의 역사는 거의 몇 년씩 되곤 했다. 부모님과 연관이 있는 우울도 꽤 많았다. 대부분 가정사에서 시작한 우울들이었다.

거식은 폭식보다 상태가 여러모로 더 심각했다. 우울해서 절식으로 살을 빼면 인생이 나아지겠지?라고 생각해서 절식, 단식, 물단식, 미각 없애기 등 각종 수단을 동원해서 살을 뺀다. 이 경우 공통적으로 디저트나 탄수화물에 대한 갈망이 너무 심해진다. 그래서 폭식도 꼭 뒤따르게 된다. 어떻게 보면 인간이 살고자 하는 욕구가 드러나는 것이다. 거식으로 영양실조 상태가 되어 폭식으로 그것을 빠르게 갚고자 하는 생체 시스템이다. 놀랍게도 거식증이 있는 사람들이나 폭식증이 있는 사람들이나 우울해서 먹는다거나 우울해서 다이어트를 한다거나 이런 식으로 말을 하지만 사실 내면에는 우울증을 이용해서라도 다이어트에 성공하겠다는 고집이 내재해 있기도 하다. **어떤 사람은 우울을 핑계 삼아서 계속 먹었다. '우울하니까 먹어야지'라고 생각해서 먹었지만 실제로는 우울감이 더 심해지는 경우가 대부분이다.**

우울하니까 먹어야지는 보상이라고 생각하기 쉽지만 실제로 보면 자해나 진통제의 성격을 띤다. '우울하니까 먹으면 보상이 되어서 내 기분이 나아지겠지?'라고 생각하지만 우울감이 지니는 폭력성과 폭발력을 감당하지 못해서, 매운 음식 먹기라는 또 다른 폭력적인 방법으로 무언가 해소되는 감정을 느끼는 것이다. 먹는 도중에는 먹느라 맛의 쾌락이 강하게 느껴지므로 부정적 생각이나 불안 같은 류의 생각이 떠오르지 않는다. 먹는 20분, 딱 그 20분 동안만 지속되는 효력의 진통제이다. 근본적인 해결에는 아무런 도움이 되지 않는 진통제. 그것도 내성이 있어서 처음에나 효과가 있지 나중에는 살만 찌고 우울함은 더 사라지지 않는다.

먹고나서는 배부르니까 잠이 잘 온다. 현실에서의 고민과 우울은 뒤로한 채 잠에 들어 현실을 로그아웃한 뒤 나의 문제들을 회피하고 싶은 마음인 것이다. 인간은 이런 모든 기전을 무의식적으로라도 정확히 알고 있다. 하지만 합리화한다. '우울하니까 괜찮아'라고.

어떤 사람들은 폭식증과 거식증 등 섭식장애 그리고 다이어트 강박이 너무 심해서 집에만 있는 경우도 있었다. 취직을 할 수 없는 이유가 취직하면 다 같이 점심을 먹으러 가야하는데 그게 부담스럽기 때문인 경우도 있었다. 친구와의 약속도 나가지 않는 이유는 약속 때 먹는 음식들은 대부분 열량이 높아 살이 찌기 때문이다. 머릿속이 온통 다이어트 생각뿐이라 일상을 살아갈 수 없는 사람들이었다. 폭식과 거식 그리고 우울이 뒤섞여서 사람이 점점 병들어가는 경우를 정말 많이 봤다. 사람이 병들면 삶 자체가 병들어가고 그 현상으로 취직하지 않고 집에서 부모님 돈을 쓴다거나 부모님 집에서만 지낸다거나 친구를 안 만나고 혼자만 지낸다거나 우울해서 집에만 있는 식으로 행동하게 된다. 연인을 교제할 생각은 당연히 없어서 연애나 결혼에 대해서도 부정적이게 된다. 삶이 병든다는 것은 온갖 우중충한 일들이 내 삶에서 일어난다는 것이다.

어쩌면 SNS만 보면 그런 메세지가 있다. '그래도 괜찮아', '그럴 수 있지'. 하지만 그렇지 않다. 괜찮지 않아. 괜찮지 않은데, 뭐가 괜찮다는 거지? 뭐가 그럴 수 있어? 내 망가진 삶이 뭐가 괜찮아? 하나도 안 괜찮아. 뭐든지 괜찮다고 부추기는 뉴에이지 사상이 증오스럽다. 병든 것도 괜찮아, 망가진 뇌 기능으로 충동 조절이 안 돼서 폭식하는 것도 괜찮아? 그렇게 폭식해서 20kg이 찌는 것도 괜찮아? 아니 괜찮지 않아. 괜찮지 않다고 인정하는 시점에 회복이 시작된다. 우울증과 거식증과 폭식증은 모두 동시에 회복해야 한다. 음식을 대하는 마음, 다이어트, 외모에 대한 생각을 모두 재정비해야 한다. 그러면서 우울증도 나아지기 위해 애써야 한다.

우울증이면 연애하지 말라고?

우울증에 걸리면 연애할 수 없어. 이 말이 참이라면 우리나라에서 연애할 수 있는 사람은 몇이나 될까? 정신과에 가서 진단받거나 심리 상담을 받지 않고 멀쩡해보이는 일상을 영위하는 우울증 환자들이 정말 많다. 당장 바로 옆에 있는 친구들 중 하나도 우울증에 시달리고 있을 가능성이 정말 높다. 코로나 펜데믹을 겪고 난 뒤로 우울증이 당연해지고 만연해졌다. 그래서 우리 사회는 더 이상 우울증 환자를 구분 짓고 분리해야 할 게 아니라 함께 가려고 노력해야 한다. 사회와 우울증이 양립되어야 한다. 마찬가지로 연애와 우울증도 양립해야 한다. 이분법적으로 구분지을 수 없다.

우울증이 심해지면 나는 우울증이어서 연애할 수 없고 결혼도 할 수 없고 자식은 당연히 낳을 수 없다고 생각한다. 이렇게 생각하는 게 어쩌면 자연스럽고 당연한지도 모르겠다. 하지만 이 생각이 '진짜' 당연하다고 믿어서는 안 된다. 정말 최고점으로 힘들 때에는 연애 뿐만이 아니라 여러 활동을 함께 쉬는 게 필요할 수도 있다. 감기가 정말 심해서 열이 펄펄 날 때는 학교나 회사를 가지 않고 쉬는 것처럼 말이다. 하지만 우리는 정직하게 생각했을 때 모든 것을 할 수 없다고 단정 짓는 게 옳은지에 대해 다시 생각해 보아야 한다. 내 삶을 책임지겠다고 다짐했다면, 여전히 우울증에 시달리고 있고 회복하는 과정에 있다면, 사랑해도 된다고 생각한다. 사랑하기에 적합하지 않은 시기는 없다. 우리들은 이분법적인 사고에 익숙해져 있다. 왜 그럴까? 어릴 적부터 나를 훈육한 어른들로부터 이런 가치관을 물려받았기 때문이다. 어른들은 공부할 때는 연애하면 안 된다, 시험 준비할 때는 연애하면 안 된다 이런 식의 이분법적 사고를 우리에게 연습시켰다. 하지만 실제로는 공부하면서도 연애할 수 있고 시험 준비할 때는 융통성을 발휘해서 연애할 수 있다. 즉, 우리들은 이분법적인 사고가 아닌 융통성이 발휘되는 사고를 해야 한다. 물론 이분법적 사고가 장점이 없는 것은 아니다. 그만큼 신중한 시기인 시험기간이기 때문에 주의가 산만해지는 상황을 경계해야 한다는 것이다. 하지만 극단적으로 차단하는 것은 다른 문제가 생긴다. 어쩌면, 기회를 박탈하게 되기 때문이다.

어른이 되면 정말 바빠서 경황이 없는 가운데에서도 타인과의 관계를 화목하게 할 줄 아는 능력이 필요하다. 대학교 시험 준비하느라 힘든데도 남자친구에게 짜증내지 않도록 노력하기도 하며 같이 음료를 마시면서 회포를 풀 줄도 알아야 하는 것이다. 이런 능력은 스스로 길러야 한다. 부모님이 알려주지도 않으며 학교에서 배우지도 않는 영역이기 때문이다. **우울증이어서 연애를 못 하는 게 아니라, 우울증을 회복하는 과정에 있는데 그 과정에서 연애를 행복하게 할 줄도 알아야 하는 것이다. 이렇게 몇 가지를 양립하며 함께 책임지는 연습을 하면 새로운 기회가 열리며 이런 연습 자체가 우울증의 개선과 개인의 성장에 긍정적인 영향을 미친다.** 이 분법적으로 '우울증이 완치된 후에 연애하겠다' 이렇게 단정 짓는 것은 '모든 학업이 끝나면 연애하겠다'라고 말하는 것과 같이 강박적인 단정일 수 있다. 학업을 30대까지 이어간다면, 연애도 학업이 끝나는 30대 특정 나이 전까지 할 수 없다는 말인가? 이런 논리는 핑계로 사용되기도 쉽다. 연애하기 싫은, 연애 뿐 아닌 다른 관계로부터의 도피를 위해 사용하는 핑계가 될 수 있다. 다른 사람들과 화합하며 살아가야 한다는 삶의 과제를 회피하기 위한 목적으로 우울증이라는 핑계가 작동하는 것이다. 친구를 만나기도 싫고 귀찮게 연애하기도 싫고 책임지는 취업도 하기 싫으니까 나는 우울증이 있어서 할 수가 없어라고 단정지어 버리는 것이다. 이 부분은 함부로 타인이 누군가를 판단할 수 없는 노릇이기 때문에 우울증이 있는 개인이 철저히 정직하게 스스로의 마음을 들여다 보아야 알 수 있다. 따라서, 우울증을 극복하기 위해서, 우울증이 있는 데에도 연애를 하기 위해서 가장 중요한 것은 '나 자신'인 것이다. 오직 나만이 나의 거짓말을 약간이라도 눈치 챌 수가 있다. 다른 사람이 눈치를 채 봤자 당사자가 '아닌데요?'하면 상황은 종료된다. 따라서, 개인이 정직하게 인정하고 정직하게 노력하기 시작할 때 개인이 회복되고 사회가 회복될 수 있다.

우리는 '할 수 없다'고 단정 짓기 보다는 '어떻게 할 수 있을까?'를 궁리해야 한다. 아들러가 말한 것처럼 '그러나'보다는 '그럼에도 불구하고'라는 말을 더 자주해야 한다. 나는 우울증이 있을 때에도 연애를 했다. 나 말고도 우울증이 있을 때에도 연애하는 사람들은 많이 있었다. 위축되지만 그럼에도 불구하고 나는 연애를, 사랑을, 협력을 노력하려고 했다. 나는 사랑하고 싶었고, 사랑받고 싶었기 때문이다. 할 수 없다고 단정 지으면 할 수 없게 만들기 위한 방법들은 머릿 속에서 준비한다. 인간이 이런 기제가 있다는 사실은 과학적 증명이 필요치 않는 것이, 그냥 자기 자신에게도 일어나는 일이기 때문이다. 그만큼 우리들에게 매일같이 일어나는 현상이라는 의미이다. 하지만 어떻게 사랑할 수 있을까? 생각하기 시작한다면, 머릿 속에 그렇게 '할 수 있는' 방법들이 준비될 것이다. 감사하게도 우리들에게는 자동으로 일하는 뇌가 있다. 뇌는 우리가 잘 때에도 일을 하고 우리가 쉴 때에도 일을 할 수 있다. 문제는 마음이다. 내가 정말 정말 힘들 때 내 마음이 포기해버리면 내 뇌까지 포기해버린다. 내가 정말 힘들어도 마음이 희망을 가진다면 뇌는 희망을 현실에 가져와 이루기 위한 방법들을 궁리하기 시작한다. 내가 자고 있는 새벽에도 말이다.

우울증의 연애가 어려운 이유

어떤 우울증이 있는 사람들은 우울증을 동정받아 마땅한 일종의 경력이라고 생각하기도 한다. 그리고 어떤 사람은 우울증을 무기이자 방패로 사용하기도 한다. 연애에서도 이런 마음으로 접근한다면 분명 착취 관계가 형성될 것이다. 내 남자친구는 당연히 내 우울증을 이해해줘야 하고 그래서 나를 더 조심스레 다루어주어야 하고 내가 비이성적으로 화를 낼 때는 당연히 묵묵히 받아줘야 하고 내가 우울증이 있기에 더 내 위주로 맞춰 주어야 한다는 **권위의식과 흡사한 특권의식을 가지게 되는 상황을 경계해야 한다.** 물론 남자친구가 나의 어려움을 이해해주고 받아들여 주며 회복을 돕겠다고 나서주는 것은 너무나도 고마운 일이다. 그러나 이게 당연한 일이 되어서는 안 되고, 내 어려움을 전적으로 도맡게 해서도 안 되는 것이다. 남자친구가 나의 짐을 나눠 져주는 것이 정말 고마운 일인 것은 맞지만 나의 짐을 무책임하게 전부 떠넘겨서는 안 된다. 전적으로 우울증은 내가 지닌 문제라는 사실을 받아들여야 하며, 내가 감당해야 하며, 내가 노력할 때 가장 효과적이라는 사실을 잊어서는 안 된다. 이 사실을 잊지 않아야 남자친구가 조금씩 나를 고려해주고 도와줄 때 진정으로 감사를 표하며 그 사람의 사랑의 소중함을 이해할 수 있는 것이다.

　대학교 2학년 때 사귀던 남자친구에게 우울증을 고백한 적이 있다. 고백하기 전의 상황은 이러했다. 당시 남자친구와는 다투는 일이 잦았다. 이를 건전한 대화로 풀지 못 하고 남자친구가 헤어짐을 고할까봐 두려워서 당당하게 내 감정을 털어놓지도 못 했다. 또한 좋지 못 한 대우를 받고 있는 부분에 대해서도 조리 있게 권리를 주장하지 못 하고 있었다. 그래서 '나는 남자친구에게 사랑받지 못 하는 연애를 하는 불쌍한 여자 아이야'라는 생각으로 자기연민을 하면서 좋지 못한 파괴적인 방식으로 마음의 슬픔을 해소했다 (사실은 해소되기는커녕 더 악화되었지만). 이런 상황이었기에 혹시 내 어려움을 남자친구가 이해해주고 조금 더 다정하게 대해줄까 기대하는 마음에 "사실 나 우울증이 있는 거 같아. 그래서 요즘 너무 모든 게 이 전보다 더 괴로워 오빠"라고 고백했다. 하지만 그는 냉소적으로 "아 우울증 있는 애들 나도 만나봐서 알지, 걔네들은 뭐든 다 가망이 없다고 생각하고 대화 자체가 안 되더라"라는 식으로 대답했다. 즉 우울증이 있는 사람 자체가 문제이며 자신이 어쩔 도리는 없다는 그런 회피성 발언이었던 것이다.

내가 하고 싶은 말은, 이런 남자도 있지만, 아닌 남자도 있다는 것이다. 이 사람과 헤어진 뒤로는 내 우울증을 부드러운 마음으로 받아들여주는 남자친구를 만났다. 같이 좋은 시간을 보내기 위해, 내 우울감이 개선되고, 나아가 생활패턴도 개선되게 만들기 위해 부드러운 조언을 아끼지 않은 남자친구를 만났다. 내가 남자친구 때문에 뾰루퉁한 게 아니고 우울감이 심하게 올라오는 날이기에 다운된 기분이라고 솔직하게 설명해주었을 때 오히려 안도하는 고마운 남자친구를 만났다. 이 친구는 내가 정직하게 내 오늘의 마음 상태를 공유해줄 때 안심했다. 자신에게 솔직하게 털어놓아서 나를 돕기를 원했다. 기분이 안 좋을 때는 환기시켜주려고 노력했고 안 좋은 기분이나 체력을 반영해서 데이트 코스를 수정해주기도 했다. 남자친구는 나를 때에 맞게 적절한 방식으로 돕는 것에서 기쁨을 느꼈고 그런 나 자체를 사랑해주었다. 이 친구는 우울증이 있는 나 자체를 아름답다고 여겼던 거 같다. 자신이 지켜줄 수 있다는 점에서 기쁘다고 말했다. 아이가 어렸을 적부터 성인이 되는 것을 지켜보는 부모의 기쁨이 있는 것처럼, 나의 어려운 시간과 회복의 시간 그리고 완치의 시간 모두 함께할 수 있어서 기쁘다고 말해주었다. 내가 우울증으로 괴로워하는 것이 안타까워서 내가 나아지기를 바라는 마음으로 언제나 나와 함께해 주었다. 지금은 이 남자친구와 결혼하여 이제 남편이 되었다.

나를 보고 우울증으로 연애를 망설이는 사람들이 나도 할 수 있다는 희망을 느꼈으면 좋겠다. 나도 과거 이해받지 못한 적도 많고 스스로도 연습되지 않은 부분이 많아서 타인을 어렵게 할 때도 있었다. 하지만 나와 남자친구는 둘 다 노력했고 우리는 앞으로도 노력할 것이다.

우울증이 있는 사람들이 눈치 보거나 환자 취급만 당하면서 연애를 하기 보다는, 우울증 때문에 숨어서 연애 못 하는 사람이 되었다는 박탈감에 시달리기 보다는, 사랑을 주고받으며 미래를 걸어 나갈 수 있는 사람과 교제했으면 좋겠다. 분명히 있다! 세상에는 정말 다양한 사람이 있다. 그러니까 내가 아직 못 만난 것뿐이지, 날 사랑할 수 있는 사람이 없다고 단정 지을 필요는 없다. 언제나 가능성을 열어둘 것! 그렇게 했을 때 어쩌면 내일, 어쩌면 다음 주에 날 사랑할 수 있는 사람을 만날 수 있을지 모른다!

오히려 연애하면서 나아지는 우울증

우울증은 어쩌면 나 자신에게 과도하게 집중해서 나타나는 현상인지 모른다. 이제 그만 생각하고 다른 일을 하거나 바깥 세상에 집중하려고 해도 나에게 파고드는 것을 멈출 수가 없었다. 그리고 이것으로 슬퍼지는, 그런 경험이 있었다. 당시에는 나에게 파고들어야 답을 찾을 수 있을 것만 같았다. 하지만 돌아보니 삶의 답 같은 건 그렇게 찾는 게 아니었다. 햇빛 아래를 지루하게 걷고 귀엽기만 한 문구점도 구경하고 맛있는 음식을 먹으면서 히히덕 거리고, 시시콜콜한 수다나 떨면서 공부도 일도 하기 싫다고 푸념하며 결국에는 꾸역꾸역 하기도 하고 자기 전에는 곯아 떨어지는 게 삶이었다. 내 삶에서 대단한 답을 찾는 것 보다 중요한 것은 내 주변 사람과 사랑하며 지내고 사이좋게 지내는 것이었다. **삶의 '답'보다 중요한 것은 살아내는 것이었다. 무엇인지 아는 것보다 살아내는 것 자체에 의미가 있었다. 나는 의미를 알면 살리라 생각했으나 살아야 의미를 알 수 있는 것이었다.**

사랑을 받고 사랑을 주는 것이 삶의 답이었을까? 삶에 대한 질문에 여러 가지 답이 있겠지만, 그중에 하나는 사랑이라고 확신한다. 그렇게 나는 연애를 하면서 언제 내가 우울증이었더라? 가물가물해지는 시기가 왔다.

"그만 생각해!"라고 외쳐도 멈출 수 없었던 생각들이었지만, 남자친구를 만나며 여러 곳을 놀러 다니다 보니 부정적인 마음이 생기는 빈도가 줄었다. 좋지 못한 생각이 떠오를 때에는 남자친구에게 현재 내 상황을 공유했고 현명한 조언을 구했다. 위로를 해주었을 뿐만 아니라 좋은 방향성까지 제시해주기도 했고 별 거 아닌 일로 생각의 늪에서 허우적대는 날 구출해주었다. 처음에는 복잡한 머릿속 상태를 공유하거나 감정이 메말라 가는 것을 고백하기 어려웠지만 그렇게 하지 않았을 때 남자친구가 더욱 오해 한다는 것을 알게되었다. 마찬가지로 그렇게 내 사정을 알려주지 않는다는 것은 남자친구로 하여금 '너는 신뢰할 수 없는 사람이야'라는 무언의 평가를 내리는 게 되는 걸 알게되었다. 그와 동시에 이 기회에 나를 도우며 사랑의 한 형태를 표현할 수 있는 기회를 박탈하는 것이라는 걸 알게 되었다.

연애라는 것은 어쩌면, 아니 사랑이라는 것은 어쩌면, 서로의 짐을 나누어지고 같이 울고 같이 웃는 것 아닐까? 좋아하는 것은 쉽다. 아무 생각 없이 좋아, 좋아. 길가에 지나가는 고양이도 좋아. 오늘 처음 본 강아지도 좋아. TV에 나오는 연예인이 잘생겨서 좋아. 과자가 맛있어서 좋아. 좋다고 말하는 것에는 무책임이라는 전제가 있다. 아니 책임이 필요 없다. 감자칩을 좋아한다고 해서 감자칩을 책임질 필요는 없는 것이다. 고양이를 좋아한다고 해서 고양이를 책임지지는 않는다. 책임을 지지 않아도, 좋아하는 것은 문제가 되지 않기 때문이다.

하지만 사랑은 무게가 다르다. 사랑한다고 말하는 것은, 사랑을 주고받기도 하지만 내가 받을 수 없을 때에도 주겠다는 것을 의미한다(주고받는 행위가 잘 되어야 사랑의 관계가 오래 지속되지만). 언제 다시 돌려받을지 모르겠지만 그래도 나는 지금 사랑을 주겠다는 것을 의미한다. 이게 아니라면 사랑이 아니라 그냥 좋아하는 것일 테다. 애착하는 것일 뿐이다. 단순한 애착과 사랑은 구분해야 한다. 만일 내 남자친구가 나를 사랑하고 나도 내 남자친구를 사랑한다면 서로가 서로의 문제를 조금씩이라도 책임지겠다는 마음이 있는 것이다. 만일 내가 남자친구에게 내 문제를 떼어내어 공개하지 않으면 남자친구에게 이 책임질 권리이자 의무를 박탈하는 것이다. 책임질 권리이자 의무를 박탈했다는 것은 사랑할 권리를 박탈한다는 것이다. 나 또한, 남자친구가 자신의 어려움을 숨기기만 할 때에 조금은 속상하고 화난 어조로 말하기도 했다. 그러한 형태로 박탈된 내 권리를 주장하는 것이었다. 나에게도 너의 문제를 알려달라고, 나에게도 같이 고민할 기회를 달라고, 우리는 함께 아니냐고 그렇게 말했다. 우리는 지금도 오랜 시간 연습을 통해 서로에게 정직해지는 중이다. 함께 나누었을 때 더 빨리 해결되었고 더 빨리 회복되었다.

같이 시시콜콜 헛소리를 하면서 우리는 수다를 떨었고, 의무감이든 마음이 동했든 서울을 쏘다녔다. 수다 떨고 웃어서인지 부정적인 생각의 매커니즘을 조금씩 잊어버렸다. 서울을 쏘다녔기에 힘들어서 밤에는 잠이 솔솔 왔다. 생각해보면 난 늘 남자친구에게 부정적인 말을 안 하려고 노력해도 함께할 때 나쁜 말들을 입에서 줄줄이 꺼내기도 했다. 나는 왜 입만 열면 가학적이고 슬프고 불평하는 말을 하는가? 내가 뱉어놓고도 자괴감에 휩싸였다. 그치만 내 남자친구는 '리프레이밍' 고수였다. 리프레이밍은 '사건을 바라보는 사고방식의 틀을 바꾸는 것'을 의미한다. 내가 부정적이고 비판적이게 말하면, 남자친구는 내가 남들은 비판하지 못 하는 것을 비판하는 용기가 있다고 했고 비판할 것을 비판하는 통찰력과 지혜가 있다고 해주었다. 내가 우울증으로 잠을 많이 자면, 피부도 좋아지고 스트레스도 잘 풀려서 좋다고 분위기를 재미있게 전환해주었다. 오히려 내가 갖고 있는 안 좋다고 생각했던 단점들이 장점이 되는 것만 같았다. 실제로 내 단점들은 내가 단점이라고 정의했던 것이지, 사실은 그렇게 단정 지을 필요는 없었다. 조금 모나서 다듬을 필요는 있었지만 어려운 상황 속에서도 내가 잘하는 것이 있었던 것이다. 내가 불평이나 비판적인 말을 했던 것은 남들은 덮어두고 가는 것을 덮어두지 못 하는 정직함 때문이라고 남자친구는 나를 멋지다고 해주었다. 내가 뱉은 말로 자괴감에 휩싸이는 나는 정직했지만 나에게 친절하지는 못 했던 것이다. 남자친구는 나에게 친절했다. 그의 친절로 나 또한 나 자신에게 친절히 대하는 방법을 알았다. 나는 이제 친절하게 어려운 사실을 용기내어 말하려고 노력하고 있다. 내가 정직하려 노력하는 것과 용기 있는 것은 변함 없는 사실이었다. 여기에 친절을 더했는데, 내가 나에게 그리고 남에게 친절하려고 노력했을 때, 내 모든 부정적 습관이 긍정적 습관으로 다듬어졌다. 우울증이 있는 사람에게도, 우울증이 있어서 연애를 망설이는 사람에게도 동일하게 하고 싶은 말이 있다. 우리는 길을 잘못 들었을 뿐이라고. 좋은 길이 있다는 사실을 잊지 말자고. 좋은 길은 없다고 단정 짓지 말자고. 그저 살아내고 좋은 길, 좋은 사람, 좋은 나를 발견하자! 아직 발견되지 못 한 것 뿐이다. 우리들이 모험하며 찾아내자. 아무도 RPG 게임을 시작하자마자 게임의 모든 퀘스트가 자동으로 완수되길 바라지 않는다. 진정으로 갈망하며 이루고 싶다고 생각하고 그렇게 하기 위해 퀘스트를 깨러 가는 그 모험 자체가 게임이며 즐거움이며 오늘 내가 또 다시 아침에 일어나는 이유이며 삶을 기대하는 이유인 것이다. 아직 좋은 사람을 못 만났다면, 좋은 사람을 만나기 위해 나는 어떤 노력을 해야 하나? 나는 어떤 방법을 연구해야 하나? 나는 좋은 사람을 만나기 위해 무례한 사람과 헤어져야 하나? 이렇게 작은 퀘스트들을 깨다보면 큰 퀘스트도 어느새 깨져있을 것이다. 당신들의 모험, 게임, 퀘스트를 응원한다.

정직함과 용기에 대하여

우울증을 극복하기 위해서는 최선을 다해 정직하려고 노력해야 한다. 정직한 게 무엇일까? 물건을 훔치는 행위가 정직하지 않다는 것을 알고 있다. 숙제를 안 했는데 했다고 거짓말을 하는 것은 정직하지 않다. 이런 행위의 정직함은 어린 아이들까지도 아는 부분이다. 나는 정직한 마음에 대해 이야기하려고 한다. 사람은 정직하지 않다. 대부분 하루 몇 번이나 자신에게 거짓말을 하면서 산다. 특히 우울증을 달고 사는 사람은 마음이 정직하지 않을 가능성이 크며 자기 자신에게 거짓말을 많이 한다. 남에게는 거짓말하지 않는 착한 사람들이 한국에는 많다. 하지만 안타깝게도 자기 자신에게 거짓말한다. 미국의 정신과 의사 스캇펙의 저서 『아직도 가야 할 길』에서는 정신병은 '진실과 거짓을 구분하지 못 하게 될 때'에 걸린다고 한다. 반대로, 우울증 같은 정신질환을 해결하기 위해서는 자신에게 정직할 필요가 있다.

진실과 거짓, 정직함과 그렇지 않은 것에 대해 다루어보고자 한다. 우선, 정직한 게 무엇인지 알기 위해 정직하지 않은 것에 대해 먼저 다루어 보는 게 좋겠다. 무엇이 스스로에게 정직하지 않은 것일까? 가령, 정직하지 못 한 우울증 환자는 '나 우울증인가?' 생각을 하다가도 '아냐 나는 우울증이 아니야'라며 자신이 믿고 싶은 대로 불편한 진실을 뭉개고 앉은 채 치료를 미루게 된다. 마찬가지로, 평생 자신이 똑똑하며 능력이 좋다는 우월감을 1순위 목표로 살아온 사람들은 우울증이 생겨서 집중력이 저하되어도 '아냐 내가 이렇게 집중력이 안 좋을 리 없어'라고 생각하며 진실을 뭉갠다. 어떤 사람은 샤워하기 귀찮을 때 자신이 왜 샤워하지 않아도 되는지 논리정연하게 스스로에게 납득시킨다. 어떤 사람은 어릴 적부터 긴 시간 자신을 폭행하며 사랑을 주지 않는 부모가 자신을 사랑한다고 스스로에게 매일 거짓말한다. 어떤 사람은 진실로 정직하게 스스로의 오만함을 내려놓고 겸허하게 우울증을 치료하려고 하지 않고, '이 책만 읽으면 되는 거야', '이렇게 매일 산책만 하면 되는 거야'라고 결론지으며 진심어린 노력보다는 수단에만 기다려고 한다. 인간은 이런식으로 스스로에게 교묘한 거짓말을 하고, 이는 상황을 정체시키거나 더 악화시킨다. 하지만 결국 진실은 드러나게 되어있다. 설령 드러날 진실이 드러나지 않으면 우울증과 같은 염증이 현상으로 나타난다.

정직하지 않았을 때 치르는 대가

정직하지 않은 것이 습관이 되면 정말 상황이 심각해진다. 처음에는 나에게 편리하다는 이유로, 불편한 진실을 받아들이지 않아도 된다는 유익함으로 반복해서 정직하지 않기로 선택했지만 점점 내 생각에만 갇혀서 살게 된다. 또는 진실을 뭉개고 살기 때문에 진실을 인정하여 새롭게 시작할 수 있는 기회를 놓치게 된다. 내가 엄마가 나를 사랑하지 않는다고 생각하고, 집에서는 행복하지 않다는 진실을 인정하고 독립하기 위한 새 출발을 한 것처럼 말이다. 물론 정직하려고 노력하는 것은 처음에는 불편하다. 하지만 모든 편리한 일이 옳은 것은 아니다. 대부분의 옳은 일은 우리에게 불편하게 다가온다. 정직하지 못한, 안 좋은 습관은 계속 이어져 삶에 어떤 식으로든 모습을 드러내게 된다. 우울증과 같은 정신병, 연인과의 다툼, 조금씩 생기는 허언증, 친구와의 문제, 다니기 싫은 직장을 계속 다니기, 하고 싶지도 않은 공부를 계속 몇 년간 이어가기. 이런 식으로 진행되다가 결국 정신이 고갈되는 것이다.

정직하기 위해서는 인정할 용기가 필요하다

역시 정직하기 위해서는 용기가 필요하다. 아들러가 말한, 모든 것은 용기의 문제라는 것을 다시 기억하자. 용기를 내어야 우리는 정직했을 때 직면하는 불편한 감정을 그럼에도 불구하고 마주할 수 있다. 잠시간은 불이익을 치르게 될지도 모른다. 내가 엄마가 날 사랑하지 않음을 인정한 뒤 힘들게 아르바이트를 계속하며 독립 준비를 했던 것도 잠깐 동안의 불이익이었다. 마찬가지로 엄마가 날 사랑하지 않음을 인정했을 때 마음이 참 아팠다. 직면하고 싶지 않은 감정이었고 슬픈 마음이었다. 이 감정도 진실을 인정했을 때 따라온 잠깐의 불이익에 해당된다. 하지만 나는 그럼에도 불구하고 그 불이익을 치렀다. 더 나은 미래로 가기 위해서 통과해야 하는 절차라는 것을 알기 때문이다. 결국 독립을 했고, 혼자 살면서 정신적으로 회복되었다. 집에 있을 때보다 취직할 준비를 하기 좋았고, 결국 빠르게 취직할 수 있었다. 그러면서도 남자친구와도 더 안정적으로 교제할 수 있었다. 결국 결혼까지 하여 매일 매일이 안정되었다. 전처럼 집에서 뭉개고 있었다면, 난 여전히 집에 오면 방에서만 존재하는 사람이었을 테고 엄마가 나를 위해서 만든 것도 아닌 밥을 먹기 힘들어서 배달 시켜먹느라 박살난 경제 관념으로 살았을 테다. 내 방 문이 벌컥 열릴까봐 불안에 떨면서 방에서조차 안전하다고 느끼지 못 하며 살았을 것이다. 이제는 이 때에 비하면 훨씬 안정되었다. 전에 속한 가정에서는 사랑받지도 사랑하지도 못했으나 지금 새롭게 내가 선택한 가정은 사랑받고 사랑하는 일에 부족함이 없다. 이제는 나를 위해, 그리고 남편을 위해 요리한 저녁을 매일 맛있게 먹고 편안하게 잠에 든다. 이전에는 미래를 늘 비관했지만, 이제는 미래가 정말 기대된다. 나는 오늘 같은 미래에 도달하기 위해 그럼에도 불구하고 용기를 냈다.

8장

어느새 나아진 우울증

어느날 갑자기 한순간

어느날부터 6시에 눈이 떠졌다. 너무 일찍 자버려서 현생 로그인 시간도 앞당겨진 것이다. 어느날처럼 나와 약속한 산책을 하기 위해 기숙사 옆 메타세쿼이어 길을 산책했다. 그날은 평소와 달랐다. **좋은 새 소리가 들리기 시작했고 초록색의 메타세쿼이어 나무 길이 푸르러서 내 기분까지 상쾌해졌다. 아침의 공기가 이렇게나 기분 좋게 차가운 것이었나?** 이 공기는 사람을 회복하게 하는 마법의 공기일까? 음이온이 나오는 숲길이 좋다고 아주머니 아저씨들이 숲속 휴양지로 여행가는 게 참인 신화였던 걸까? 나는 처음으로 푸른 식물들과 레몬에이드 같이 상쾌한 공기, 그리고 오르골처럼 예쁜 새소리를 들었다. 올려다본 하늘은 아름다운 하늘이었다. 늘 같은 하늘이었던 걸까? 그렇다면 난 늘 이렇게 아름다운 아침의 하늘 아래에서 그동안 기뻐하지 못 하고 우울해했던 걸까? 지금 내가 이렇게 변화될 수 있었던 건 어쩌면 노력의 결과가 아니라 선물같이 내려온 은총이 아닐까? 너무나도 감사해서 눈물이 찔끔 났다. 처음으로 무겁지 않은 기분으로 깨어났고 어느새 그동안 나를 짓누르던 무거운 우울감과 우중충한 안개 같은 것이 사라졌다. 이 날을 잊을 수 없다. 아직도 가끔 메타세콰이어 길에 가 본다. 마법 같던 그날. 나는 마법을 믿는다. 2000년 전의 한반도에 살던 사람이 우리가 스마트폰을 쓰는 걸 보면 마법이라고 할 수 밖에는 없다. 과학이니 뭐니 그 옛 사람들은 문명의 발전을 모르니까 신기할 정도로 놀랄 일을 마법이라고 칭하지 않을까? 그렇다면 우리가 스마트폰을 사용하는 시대에 태어났고 과학이니 기술이니 모든 걸 이해할 수 있는 시대에 산다고 하면, 이게 마법이 아니게 되는가? 사람은 무언가의 원리를 습득한 것만으로 그 무언가의 신비로움과 놀라움을 비하하고 평가 절하하는 경향이 있다. '아 이해했어 그래서 그런 거네!' 그러면 더 이상 그것에 감사할 수 없게 된다. 원래 그런 거라는 것. 시시한 것이 된다. 원래 다 그래. 원래 다 스마트폰을 쓰니까 이게 신기할 게 아니게 되는 것이다. 누구나 다 있는 스마트폰 시시해. 하지만 다시 생각해보라. 전쟁이 나면 인터넷을 못 쓰게 된다. 서울에서 부산으로 전화를 못 하게 될 지도 모른다. 우리들의 가족에게 전화할 수 없게 되어 살았는지 죽었는지도 모르게 될 수 있다. 그때는 다시 한 번 마법처럼 인터넷이 터지기를 기도하지 않나?

나는 그래서 어느 날 갑자기 아침의 상쾌함을 맛 본 경험을 뇌과학적 해석, 신경 전달 물질의 변화, 항우울제의 효과 발휘, 호르몬의 변화 같은 것으로 국한하고 싶지 않다. 나도 생명공학을 전공했기에 지겹도록 그런 해석은 많이 해봤다. 하지만 그런 것만 고수하는 태도는 인간으로 하여금 현상을 해석을 하게 하고 시시하다고 평가 내리도록 만드는 경향이 있다. 감사함을 평가 절하하게 만든다. 본질적으로 해석한 뒤 평가 절하하는 인간의 기전은 과학을 숭배하는 것이 아니면 무엇인가라는 생각이 든다. 맞다, 유용하다. 옳다. 그래서 생명공학과에 진학했고 과학을 공부하는 게 즐거웠다. 과학만으로 나의 우울을 해석하려 하기도 했다. 맞다, 내 신경 전달 회로는 느슨해서 세로토닌이 줄줄 샜던 거 같아. 맞아 항우울제를 먹은 지 한두달이 되었기 때문에 우울한 기분이 걷히고 세로토닌같은 신경 전달 물질이 잘 흡수되었나봐. 맞아, 호르몬도 기분이 나빠지는 프로게스테론이 덜 나왔겠지. 하지만 그렇다고 해서 내가 이 기쁨을 만끽하지 않아도 되는 건 아니잖아. 내 회복이 시시한 게 되는 건 용납할 수 없다. 나는 정말 오랜 세월 우울했기 때문이다. 마법처럼 내가 해방된 날을 과학적인 풀이법으로 문제를 잘 풀었다고 생각하지 않는다. 나는 정말 처절했던 것이다. 약을 먹는다고 모든 우울증 환자들이 나아지는 것은 아니니깐. 나는 정말 감사했고, 이 은총을 영원히 잊지 않기로 했다.

당신들에게도 마법처럼 괜찮아지는 날이 오기를 바란다. 은총이 내리기를 바란다. 나처럼 어느날 갑자기 경험할 수도 있다. 어느날 갑자기 불시에 나아지는 것이다. 하지만 조금씩 은은하게 나아지는 경우도 있다. 나도 일상에서 우울함에 젖어 점점 기분이 다운되어 며칠간 우울감을 느끼기도 했지만 점점 우울하지 않기 위한 노력을 하다보니 점진적으로 나아지기도 했다. 그저께보다는 어제 덜 우울하고 어제보다 오늘 덜 우울하기도 했다. 나와의 약속을 잘 지키는 것. 정직할 것. 때로는 절제할 것. 용기를 잃지 말 것. 잘 준비를 잘할 것. 아침에는 휴대폰을 오래 보지 않기. 정직하게 할 일을 잘 책임지기. 이런 것들이 내 우울감이 줄어들도록 만들어주었다. 어느날 갑자기 나아질 수도 있고 점진적으로 조금씩 나아질 수도 있다. 나는 둘 다 맞으며 가능하다고 생각한다. 내가 먼저 우울증을 극복하러 길을 가본 것이 길을 내는 작업이었다고 생각한다. 새로 난 길의 폭이 점점 넓어지게 당신들도 같은 길로 와주기를 바란다. 같은 길로 여러번 오면 그 길은 더 넓어지고 점점 견고해질 것이기에 더 많은 우울증이 있는 사람들이 회복되면 좋겠다.

우울증에도 완치가 있다

우울증은 완치가 없다고 하는 말이 있다. 그래서 나도 완치되는 날은 없지 않을까 하며 고민을 했었다. 단도직입적으로 현재 내 상태를 말하자면, 나는 보통의 일반인보다 정신이 건강하다. 실제로 스스로 느끼기에도 전혀 우울감 없이 지내고 있다. 하루하루 즐거운 일과 기쁜 일이 가득하고 좋아하는 일을 하면서 평온하게 지내고 있다. 이 사실을 뒷받침할 수 있는 것은 뇌파 검사 기록이다. 뇌파 검사를 실시한 결과 정신건강 점수가 또래의 평균인 70점대보다 높은 87점이 나왔다. 나는 스트레스는 보통이지만 스트레스를 다루고 인지하고 극복하려는 스트레스 저항도는 보통보다 훨씬 높은 수치였다. 나는 자기 이해도가 평균보다 조금 높았으며, 우울한 정도는 보통보다도 적었다. 우울한 정도를 나타내는 스펙트럼에서 제일 낮은 정도로 가장 왼쪽에 화살표가 위치했다. 같이 검사한 평소에 행복해 보이는 사람들도 정신건강 지수가 나보다 낮았다. 어떤 사람은 스트레스가 극심하지만 스스로가 스트레스를 인지하고 있지 못 하고 있기에 적절한 대응을 하지 못 하고 있었다. 우울증을 한 번도 겪어보지 않은 사람들도(어쩌면 우울증임을 인지하지 못 한 것일 수 있지만) 우울증이 아니라 할지라도 정신건강이 좋지 못 할 수 있음을 알았다.

매도 먼저 맞는 게 나은 걸까? 나는 스트레스를 다루는 방법, 언제는 쉬어야 하는지, 언제는 노력해야 하는지, 스트레스 받을 때는 어떻게 대처하는지, 어떤 취미로 어려운 감정들을 해소할 수 있는지를 보통의 사람들보다 먼저 익힌 거라고 생각한다. 나는 보통 사람보다 정신건강이 좋으니 내가 좋은 사람이라고 말하고 싶은 것이 아니다. 다만 나는 우울증이 있는 사람들이 나를 보고 희망을 얻었으면 좋겠다. 왜냐하면, 우울증이 있는 사람들은 자신이 평생 이렇게 우울의 늪, 우울의 생활 습관에서 벗어날 수가 없다는 사실에 괴로워하고 두려워하기 때문이다.

뇌가 존재한다는 사실은 언제쯤 역사가 발굴해냈을까? 내가 우울증이 심했을 때는 하루 종일 뇌가 멍한 기분이었다. 뇌라고 표현한 이유는 실제로 통증이 뇌쪽에서 느껴졌기 때문이다. 뇌가 아픈 느낌이었다. 그래서 뇌의 존재도 알 수 있는 느낌이었다. 내 눈 뒤에 있는 무언가. 찌릿할 정도로 통증이 심한 것은 아니었지만 그래도, 무거운 가방을 들었을 때 어깨가 무거워서 버거운 것처럼 나의 뇌가 버거웠다. 슬픈 것도 아니며 편안한 것도 아니며 즐거운 쪽은 절대 아닌 그런 느낌이었다. 도무지 이 늪에서 벗어날 수 없을 것만 같은 기분이었고 어쩌면 편하다고 오해하기도 쉬운 느낌이었기에 나는 침대에서 그 느낌을 쉬게 하면서도 만끽했는지 모른다. 무지했기 때문에 내 정신적인 어려움을, 내 뇌가 기능 저하되는 것을 방치했다는 표현도 옳으리라.

하지만 나는 현재 뇌가 상쾌하다. 심지어는 조금이라도 상태가 안 좋아졌을 때, 어떻게 대처해야 하는지 알기에 하루 이틀 내로 신속히 대처할 수 있다. 이제는 더 이상 멍하거나 우울함에 적셔진 기분이 들지 않고 아침이면 상쾌하기도 하고 저녁이면 자유롭게 피곤하기도 하다. 애초에 좋지 못한 기분에 함몰될 필요가 없는 게 기분을 의식하지 않기 때문이다. 의식할 필요가 없으니까 신경 쓰지 않는 거 같다. 그래서 지금은 의식하지 않고 오늘은 어떤 일을 해야 하나? 어떤 글을 써야 하나? 어디를 가야 하나? 오늘은 어디까지 일을 할 수 있을까? 오늘은 어떤 음식을 맛있게 먹을까? 생각한다. 그저 오늘 할 수 있는 일을 다 하려고 노력한다. 그랬을 때 우울함이 들어올 자리는 더 이상 없다.

무기력 다루기 마스터

무기력해서 하루 종일 손 하나 까딱 안 하고 휴대폰만 들여다 보았었다. '무기력해서 어떡하지?' 이런 생각이 들면 무기력증이다. 주말에는 무기력해도 괜찮다. 집에서 늘어져서 쉬는 시간은 몸에게도 뇌에게도 필요하기 때문이다. 이런 무기력은 병적인 무기력이 아니라 편안하고 즐거운 무기력일 것이다. 하지만 우울증의 친구인 무기력증은 병적이다. 무기력증이 우울증을 불러오는 것인지, 우울증이 무기력증을 불러오는 것인지 분간하기 어려울 정도이다. 무기력해서 근육을 하나도 안 쓰니 근육이 망가지고 뇌도 여러 부위를 사용하지 않고 누워 있는 데만 사용하니 기능이 저하한다. 무기력하면 아무 것도 할 수 없다고 여겨진다. 좋은 핑계가 되어주기도 하고 기다리게 만들기도 한다. 하염없이 사람을 기다리게 만든다. 마치 뼈에 금이 가면 기브스를 하고 기다리듯이 무기력증도 기다리면 낫겠지 생각하게 된다. 많은 사람들이 무기력증이 제 발로 물러가기를 하염없이 기다린다. 도대체 무엇을 기다리나 우리는?

아이러니하게도 무기력증은 무기력하지 않음으로써 극복할 수 있다. 무기력한 상태에서 벗어나려면 무기력하지 않게 해야 한다.

사람들은 무기력하지 않은 마음 상태가 준비되기만을 기다린다. 길을 걷다가 바닥에 떨어진 지폐를 주워 돈을 벌겠다는 심보나 마찬가지이다. 무기력하지 않은 마음 상태는 무기력하지 않음으로 준비된다. 즉, 무기력하지 않으려면 행동을 부지런히 시작해야 하는 것이다. 세수를 하고, 양치를 하고, 괜히 책상을 정리하고, 괜히 요리를 하고, 괜히 체조를 하고, 괜히 산책을 하고. 이렇게 부산스러운 행동을 해야 비로소 무기력하지 않은 상태로 진입할 수 있다. 나는 무기력증이 너무 심해서 침대에 나를 널브러뜨렸다. 널브러져 있으면 무기력증이 알아서 떠나가지 않을까 생각했다. 어쩌면, 내가 재수할 때 공부하기 싫으면, 야간 자율 학습에 참여하지 않고 코인 노래방에 혼자 가서 놀면 경각심이 들어 다시 공부하고 싶은 마음이 드는 것과 같은 원리라고 생각했는지 모른다. 하지만 무기력함이 심해져 계속 무기력해 있었더니 그런 경각심 따위는 생기지 않았다. 오히려 나는 더 아파졌다. 누가 나를 아프게 한 건지 생각해 봤을 때 내 책임이 있다는 것을 도무지 부인할 수 없었다. 우울증이 같이 심화되어 무기력함을 더 이상은 내버려 둘 수가 없다고 생각해서 설거지를 하고, 산책을 하고, 샤워를 하고, 매니큐어를 바르고, 할 일도 없는데 책상에 앉아서 무언가를 끄적였다. 처음에는 죽을 맛이었다. 무기력하지 않은 행동이 너무 죽을 맛이었다. 마치 먹기 싫은 쓰디 쓴 한약을 먹는 기분이었다. 울면서 겨자를 먹는 기분. 그치만 어쩔 수 없었다. 무기력증은 관성이 있어서 어제 무기력하면 오늘 아침에도 무기력하고 아침에 무기력하면 저녁에도 무기력하고 내일도 무기력하고 다음 주도 무기력하고 다음 달도 무기력하기 때문이다. 그리고 사람의 버릇을 굉장히 나쁘게 만든다. 멍청하고 살찌게 만들며 허리 건강까지 해친다. 나중에 거금을 들여서 치료해야 하는 '나쁜 상태'로 우리를 이끄는 거다.

파괴적인 관성을 끊어야 무기력증을 극복할 수 있다. 무기력하지 않으려면 무기력한 관성을 깨부수고 새로운 상태를 밀고 나가야 한다. 무기력증의 관성보다 강하게 내 마음을 데리고 내일로 가야 한다. 내일 행동할 것들을 즉시 실행해야 한다. 일어나면 해야 할 것을 겸허하게, 마치 상사가 나에게 명령한 양 강제적으로 행동해야 하는 것이다. 샤워하고 머리를 말리며 보습을 위한 크림을 바르고 아침을 먹고 산책을 하고 설거지도 하고 바닥도 청소하고. 이런 작은 행동을 계속 해야 하고 휴식을 취할 때는 10분이든 30분이든 정해놓고 쉬어야 한다. 의미 없이 침대에 누워서 쉬려고 하면 무기력증의 관성에 힘을 실어 주게 되어 그 관성을 이기지 못해 누운 순간부터 내일 아침 해가 뜨기 전 까지 누워있게 될 수 있다. 그러니, 침대에 하염없이 늘어져 있는 시간을 주의 해야 한다.

우울증이 99% 완치되었다고 생각하는 요즘의 나는 무기력한 기분이 들거나 행동하기 싫은 느낌이 든다면 굉장히 두려워진다. 그래서 무기력할 때는 할 수 있는 행동부터 시작하기로 했다. 근처 소품숍에 쇼핑을 가거나, 종종 장을 보러 갔다. 아니면 필요한 작은 물품을 사러 갔다. 장을 보러 가는 내가 좋았다. 무기력하지 않고 솔선수범하게 내가 먹을 음식을 사러 가는 내가 처절하면서도 좋았다. 나 많이 좋아졌구나! 생각하게 되었다. **무기력할 때는 샤워하거나 장을 보러 가자! 무기력증의 관성을 끊어버리자! 멋진 용사처럼!**

우울증이 끝나도 인생이 쉽지는 않아

우울증이 끝나면 삶의 어려움이 끝나리라 생각하는가? 우울증이 끝난다고 삶을 고통스럽게 하는 요소들이 사라지는 것은 아니다. 왜냐하면 삶은 원래 고통스럽기 때문이다. 우울증이 있을 때는 우울증이 없는 삶이란 굉장히 쉬워 보인다고 생각할 수 있다. '저 사람들은 좋겠다. 아무 어려움 없겠지?'라는 생각. 하지만 이는 마치 가난한 사람이 '부자들은 인생에서 아무 고민이 없겠지?'생각하며 허상을 부러워하는 것과 같다.

　우울증이 있는 사람들은 삶에서 어려움이 있거나 고통스러운 일이 생기거나 하면 무조건적으로 우울증이 동반될 것이라는 오해를 갖고 있기도 하다. 언제부터 이렇게 되었는지는 모르겠지만, 언제부터인가 남자친구랑 헤어질 때면 우울증이 와야 하고 시험을 망쳐도 우울증이 와야 하며 살이 너무 쪄도 우울증이 와야 한다고 생각한다. 내게 있는 불행이 탐지되면 꼭 우울증이 와야 한다고 생각한다. 나 또한 그랬었다. 내 인생에 등장한 불행이 필연적으로 우울증으로 이어지는 것이 당연하다고 생각했다. 불행이 나에게 고통을 안겨줄 수밖에 없다고 생각해 속수무책으로 당했다. 하지만 실제로는 그렇지 않다. 보통의 일반 사람들도 모두 남자친구와의 이별을 겪기도 하고 시험을 망칠 때가 있으며 살이 찌기도 한다. 인생에 한 번은 필히 불행한 일이 생기게 마련이다. 물론 한 번이 아닐 수도 있다. 우리의 일상은 거의 전쟁터 수준이다. 늘 예측 불가능한 인간관계 사이에서의 스트레스가 극심하다. 우울증이 없는 사람들도 마찬가지이다. 그들에게도 삶의 어려움이 존재한다. 즉, 우울증이 끝나도 마찬가지라는 거다. 삶의 어려움이 있다. 어쩌면 우울증은 삶의 어려움에 과하게 매몰되는 그런 습관이 자아낸 현상일지도 모르겠다. 삶의 어려움이 나를 덮쳐 죽일지도 모른다는 그런 과도한 불안감에 잡아먹히는 것이지 삶의 어려움에 잡아먹히는 것이 아니다. 여전히 자신의 삶이 어려워서 그 어려움에 잡아먹혔다고 잡아먹힌 대상을 착각하는 사람이 있다. 이런 사람들은 세상을 탓하며 자신은 우울할 수밖에 없다고 생각한다. 하지만 그게 아니라, 삶의 어려움에 대한 불안감과 두려움을 스스로가 자아냈고 강화했고 증폭해서 그것에 잡아먹힌 것이다.

따라서 삶의 어려움을 제거할 수 없음을 인정하고 이것을 스스로가 마주했을 때 느끼는 불안감과 두려움을 다룰 수 있는 도구를 많이 만들고 그런 도구를 다루는 연습을 해야 할 것이다. 이 세상에 태어나고 싶어서 태어난 사람이 없듯, 삶이 고통스러운 것은 당연하다. 지금도 여전히 나를 고통스럽게 하는 외부 세상의 자극은 여전하다. 우울증으로부터 벗어난 나의 일상 역시 그렇다. 나는 여전히 부모님과 좋지 못 한 사이이며 여전히 부자도 아니며 여전히 대인관계가 어렵고 여전히 때때로 울적해지고 여전히 부족한 나 자신을 직면하기 어려워 지치고 만다. 다만, 현재의 나는 그것들을 받아들이며, 미래를 기약하고 지금 내가 할 수 있는 일을 한다. 여전히 좋지 못 한 일이 일어날 때, 좋지 못 한 감정이 든다. 전에는 이를 붙들고 일주일 아니면 한 달 내내 곱씹었고 함몰되어 있었다. 하지만 지금은 하루 만에 털어버린다. 짜증나면 솔직하게 짜증난다고 스스로 말한다. 화가 나는 일이면 화를 낸다. 슬픈 일이면 슬프다고 말하며 눈물을 흘린다. 나는 내 감정에 솔직해졌다. 화가 난다고 화를 억누르려고 하지 않는다. 전에는 내 감정을 천으로 덮어버리려고 할 때가 많았다. 또는, 감정의 무게가 너무 무거워서 그것이 나를 짓누르게 내버려두었다. 아니 사실 짓누르는 걸 알지만 모르는 척을 하고 침대에 누워서 휴대폰을 멍하게 쳐다보기만 했다. **이제는 내 감정은 지나간다는 것을 알고 있다. 친구랑 이야기하거나 남자친구랑 어려움을 이야기하면서 내 감정을 풀고, 지금 상황에서 내가 할 수 있는 일을 명확히 하고 지금 내가 할 수 없는 일은 내려놓는다.** 전에는 어려운 상황이 생겼을 때 상처받는 것을 허용했다. 하지만 이제는 어려운 상황이 나에게 상처를 주려고 화살처럼 날아오면 나는 방어한다. 그것이 더 이상 상처가 되지 않는다. 나는 허용하지 않는다. 상처를 허용하지 않는다. 누군가 나에게 "너가 틀렸어"라고 말했을 때, 더 이상 나는 '내가 틀렸나?' 고민하지 않는다. 왜냐하면 나는 다를 뿐이지 틀린 게 아니기 때문이다. 내가 틀렸다는 건 상대의 견해일 뿐. 사실이 아니기 때문이다.

삶의 어려움을 헤쳐나갈 때면 필히 용기를 내야 한다. 아들러는 모든 것은 용기의 문제라고 말했다. 이렇게 용기낸 자에게 주어지는 보상일까? 중간 중간 쉬는 시간에 충분한 휴식을 만끽하며 삶의 어려움뿐만이 아니라 삶의 아름다움도 느낄 수 있는 기회가 나에게는 주어졌었다. **나는 이제 세상이 어렵다고 우울해 하지만은 않는다. 세상을 사는 데는 어려운 일 투성이라는 것에 여전히 동의한다. 하지만 이젠 어떻게 이 상황을 타개할 수 있을지 생각하며 용기 내어 행동한다. 나는 이제 더이상 속수무책으로 우울해하지 않는다.** 전에는 하기 싫은 알바를 계속하면서 일이 힘들다고 하며 우울해 했다. 전에는 엄마랑 한 집에 살기 싫다고 말하면서 계속 그 집에 살았고 우울해 했다. 전에는 우리 집이 너저분하다며 계속 우울해했다. 이제는 하기 싫고 진정으로 나를 힘들게 하는 일이라면 언제든 그만둘 준비가 되어 있다. 그리고 실제로 그렇게 했다. 이제는 살기 싫은 곳에는 살지 않으려고 돈을 벌거나 다른 지역을 알아볼 준비가 되어 있다. 그리고 실제로 그렇게 했다. 이제는 집이 너저분하다고 징징대지 않으며 직접 치우고 깔끔하게 만들 준비가 되어 있다. 그리고 실제로 그렇게 했다. 많은 부분을 내가 통제할 수 있다는 것. 많은 부분을 내가 선택할 수 있다는 것이다. 내가 불쾌하지 않기를 선택할 수 있고 내가 싫어하는 것을 피하는 길을 선택할 수 있다. 내가 우울해 하는 것 외에는 선택지가 없다고 생각하는 것은 오산이다. 세상에는 기회가 참 많다. 우리들은 우울해 하지 않기를 선택하고 우울하지 않는 방법을 선택하고 상황과 공간 그리고 미래를 통제할 힘이 있다. 통제하기 시작할 때 우리들의 뇌는 쾌적해진다. 어려움이 있어도 해결할 수 있다는 생각, 이 통제감이 사람을 자신 있게 만들고 우울함도 물리칠 수 있게 만든다.

용기를 내면 삶의 아름다움을 발견할 수 있다. 세상은 본디 고통스러운 동시에 아름답다. 우울증이 있는 모두가 삶은 고통스러운 반면에 아름답기도 하다는 걸 점진적으로 알아간다면 좋겠다. 그러기 위해서 꼭 용기를 낸다면 좋겠다. 우울에 지지 않을 용기, 바라는 삶을 선택할 용기 말이다.

용기와 이상에 대하여

모든 것은 용기의 문제라는 말을 남긴 아들러의 정신을 나도 글로 이어받았다. 맞다, 모든 것은 용기의 문제이다. 내가 아무리 좋은 내용의 책을 써도 읽는 이가 용기를 내지 못하면 실행으로 옮길 수 없다. 그렇다면 용기라는 추상적이고 형이상학적인 개념이 무엇인지 구체적으로 다루어볼 필요가 있다고 생각한다.

나는 용기가 노력의 결과가 아니라 선택한 결과라고 생각한다. 여러 번 노력하여 용기를 낼 수 있는 게 아니라고 생각한다. 반대로 여러 번 용기에 대해 생각하고 고민하면 용기를 내기 더 어려워진다고 생각한다. 더 계산하게 되고 더 두려워지기 때문이다. 따라서 용기는 '그렇게 하기로 선택'하는 것이다. 그것도 눈을 질끈 감고 말이다. 니체는 자신의 저서 『차라투스트라는 이렇게 말했다』에서 용기를 삶을 부정하고 무겁게 끌어내리는 모든 가치를 파괴하는 힘이라고 표현했다. 자신만의 가치를 창조하기 위해서는 먼저 용기를 내어 기존의 삶을 부정하는 가치를 파괴해야 한다는 것이다.

맞다. 용기를 내는 순간 날 무겁게 끌어 내리려는 염세주의적 가치를 파괴하게 된다. 그것들을 파괴하고 없애버려야 새로운 미래로 나아갈 수 있다. 어릴 적 우리들은 놀이터에서 미끄럼틀을 탈 때 누구나 무서워했다. 하지만 어떻게 우리가 용기를 내어 미끄럼틀을 내려갈 수 있었는가? 그저 용기를 내 눈을 질끈 감고 몸을 미끄럼틀로 내던졌던 것이다. 또 옆에 있는 친구들의 응원에 힘입어 내려갈 수 있었다.

"내가 먼저 미끄럼틀 타 봤는데, 하나도 안 무서워! 재미있어!"

우리는 서로를 응원하고, 먼저 가 본 사람의 뒤를 쫓아 눈을 질끈 감고 용기를 내어야 한다. 하지만 의문이 든다. 우리가 왜 용기를 내어야 하는가? 무엇을 담보로 용기를 낸다는 말인가? 그건 바로 우리가 생각하는 이상적인 미래, 즉 자기만의 이상에 도달하기 위해서다. 물론 우울증이 완치되는 상황도 우리가 원하는 미래일 테지만, 그것만이 전부는 아니다. 적어도 나에게는 그랬다. 우울증을 완치하면서 삶이 바뀌었다. 우울증뿐만이 아니라 삶에 관한 모든 것이 바뀌었다. 그건 바로 내가 이상을 좇았기 때문이며, 이상을 이루리라는 믿음으로 용기를 내었기 때문이다. 나의 이상을 이루어가고 있다. 어쩌면 이미 다 이루었는지도 모르겠다. 당신의 이상은 무엇인가? 나의 이상은 당신에게는 시시할 수 있다. 사람마다 다른 이상을 가슴에 품고 살아가기 때문이다. 그래서 사람마다 다른 성격, 다른 비전, 다른 꿈, 다른 미래가 예비되어 있는 것이다. 그렇기에 세상이 이렇게 다채롭고 아름다우며 즐겁고 살 만한 곳인 것이다. 기대되지 않는가? 나의 이상은 무엇일까? 내가 추구할 이상은 무엇일까? 나는 가슴에 어떤 이상을 품고 있는가? 나는 어떻게 이루어 낼 것인가? 이상을 향한 나날들 속에서 어떤 일들이 기다리고 있을까? 더 이상 남이 정해준 꿈, 남이 정해준 가치를 쫓으며 살지 말자. 편하게 남이 정해준 것을 고수하기를 포기하고 남이 제공하는 인정을 포기하자. 우리는 더 얻기 위해 포기한다. 그렇지 않고는 포기할 이유는 없지 않은가?

이상은 무엇일까?

이상에 대해 사람들이 알고 있는 용례는 보통 두 가지이다. 첫째는 인간이 이루고자 하는 그 무엇을 의미하고 둘째로는 현실에는 없으나 가정 시 편리한 것을 지칭한다. 이상을 이룬다는 말은 굉장히 광범위하게 쓰일 수가 있다. 내 꿈을 이루는 것도 내 우울증을 치료하는 것도 이상의 하위 범주에 해당하는 것이다. 하지만 우리나라에서 이상적이라는 말은 가정 시에만 편리하고 현실적으로는 실현하기 어렵다. 또, 현실적인 실정과는 잘 맞지 않아 터부시하는 경향이 있다. 나는 이런 실패한 이상주의자가 되고 싶지 않다. 나는 내 이상을 현실에서 이룰 것이다. 현실주의자들이 이상주의자를 터부시해도 내 이상만큼은 비웃든, 비웃지 않든 현실에서 이루어내고 싶다.

이상은 구체적일 수 없다. 모호하다고 생각해서 어렵다. 하지만 모호한 게 옳다. 모호하기에 더 선명하게 만들기 위해 살아가는 것이기 때문이다. 하루하루 살면서 점점 구체화 될 것이다. 이상에 대해서는 이미지로 떠올릴 수도 있고 관념적이기도 하며 사상적인 성격을 띠기도 한다. 이상을 영어로 하면 ideal인데 이는 idea(발상)이라는 단어에서 파생된 것이다. 따라서 이상은 떠올리며 그 이미지를 추구하는 것이라고 할 수 있다.

예를 들어 나는 어릴 적부터 늘 하늘을 나는 꿈을 꾸며 자유를 갈망했다. 진정한 자유말이다. 어쩌면 이상에 대한 이야기는 밤을 새도 모자랄 정도로 방대한 개념이며 포괄적인 개념이다. 때로는 직접적으로 자신의 이상이 무엇인지 언어로 표현하지는 못 해도 물건이나 장소로 표현할 수 있기도 하다. 어떤 사람이 빈티지 옷을 즐겨 입는다면 그 사람은 본질주의자일 가능성이 크다. 단순한 맹목적인 성공보다는 진정 자신이 본질적으로 좋아하는 본질적인 일을 해서 성과를 거두는 게 자기 만족에 훨씬 도움이 될 가능성이 크다. 마찬가지로 엔틱하거나 고동색 원목 인테리어의 단독주택에서 살기를 희망하는 사람도 무언가 모던한 현대 무균 사회에 염증을 느낀 탓에 편안한 자기만의 공간을 선호할 가능성이 크다. 어떤 사람은 모던한 화이트 톤의 깔끔한 인테리어를 선호할 수 있다. 이런 경우에는 현대 사회에서 지향하는 가치를 선호할 수 있다. 깔끔하게 통제할 수 있는 건 통제할 때 만족감을 느끼고 트렌드에 민감하게 반응하며 변하는 시대의 흐름에 참여하고 싶은 열망이 있을 수 있다. 이와 같이 이상은 어떤 식으로든 사람의 선호, 사용하는 물건, 가고 싶은 공간을 통해 엿볼 수 있다. 나의 경우는 근교의 나무가 많은 인적이 드문 곳에서 거주하고 싶다. 아파트도 아닌 단독 주택에서 거주하고 싶은데, 이는 사람을 대하는 것보다는 혼자 사색하며 혼자 창작물을 만드는 것을 좋아하는 성향이 반영된 결과이다. 어쩌면 그렇게 혼자 사색하고 창작하는 것을 즐기는 것은 어릴 적부터 좋은 이상이 현실로 구현된 무언가일 수 있다. 어릴 적에는 만화나 그림을 많이 그렸다. 그리고 만화의 서사를 만들기 위한 소설을 천 원짜리 연습장에 많이 썼다. 그때도 나는 무언가 내 이야기를 다른 사람에게 하고 싶은 열망이 있었기 때문이다. 내 이상이 무엇인지 살짝 엿보면, 안전한 곳에서 숨어서 내가 하고 싶은 이야기를 다른 사람들에게 자유롭게 말하는 것일 테다. 물론 더 큰 이상이 있고 아직 나도 눈치 채지 못한 내가 추구하는 이상이 있겠지만 말이다. 나는 우울증을 극복하기 위해 내 삶을 살기로 했다. 아빠가 원하는 박사는 되지 않는 게 좋겠다고 생각했고 정직하게 내가 하고 싶은 일을 하면서 돈을 벌겠다고 생각했다. 생명공학도가 좋아하는 것이 '그림'과 '글'이라 하면 어색할지도 모르겠지만, 나는 대학교를 다니면서 방학 때도 그림 그리는 것과 글 쓰는 것을 멈추지 않았다. 왜냐하면 나는 바이오 회사에 취직하는 직업 말고 다른 이상을 마음에 품었기 때문이다. 내가 나만의 이상을 좇기로 결단했을 때는 오히려 더 이상 옥죄는 족쇄가 없었다. 이렇게 족쇄를 파괴하기 위해 치뤄야 했던 대가는 부모님의 기대를 저버리는 것이었다. 그리고 부모님이 믿음직스럽지 않다는 식으로 내 꿈을 비하하는 것을 들어야 하는 것이었다. 나는 그래도 상관없었다. 부모님의 기대를 충족하는 것보다 내 삶을 나에게 정직하게 살아가는 것이 더 중요했다. 우울증, 이건 사느냐 죽느냐의 문제가 아닌가? 나는 남의 삶을 사는 것이 우울증으로 가는 급행열차를 타는 것이라고 생각한다. 당장 탈출해서 내 삶을 살기 시작해야 한다. 내가 내 삶을 살기로 선택한다면 그 과정에서 생기는 고통도 기꺼이 감내하게 된다. 내가 기꺼이 책임질 수 있게 된다. 선택한 것도 나이며 추구하는 것도 나이며 바라는 것도 나이기 때문이다. 내 삶은 어디로 가는가? 내 삶은 어떤 이상을 추구하는가? 이런 생각을 하기 시작했을 때 인생이 자유로운 캔버스처럼 기회의 장이 되며 즐거워질 테다.

이상을 이루는 방법

눈물을 흘리며 씨를 뿌리는 자는 기쁨으로 거두리로다

(시 126:5)

이상을 이루는 방법은 생각보다 간단하고 명료하다. 현재 이상을 이루기가 굉장히 어려운 상황일 수 있다. 어쩌면 우울증을 극복하는 과정도 이상을 이루는 여정 중 하나일 테다. 이도 굉장히 어려운 상황이 맞다. 이때 눈물을 흘리는 한이 있더라도 우리는 씨앗을 뿌려야 한다. 언젠가는 거두기 위함이다. 내가 대학교를 다니며 당연히 취직해야 한다고 생각하며 학점을 위해 공부를 하고 취직 준비를 위해 토익 공부를 했을지라도 내가 글을 쓰는 것을 멈추지 않았던 건, 언젠간 작가가 되기 위해 글 쓰기 실력을 키우기 위함이었다. 언젠가는 어떤 글을 쓸지도 모르겠지만 그래도 썼다. 매일 움츠러들고 위축돼도 씨를 뿌렸다.

유튜브를 시작하기 2년 전에는 처음으로 편집 어플을 다운받아 영상 편집을 해보았다. 당시의 나는 대학생이었고 유튜브를 할 생각도 없었지만 언젠가는 나도 하지 않을까 하는 마음에 짬을 내어 편집 연습을 했다. 지금 내가 원고를 쓰는 것도 다음 책을 위한 씨앗을 뿌리는 것이며 우리나라의 회복을 위한 씨앗을 뿌리는 것이다. 언젠가는 분명히 반드시 기쁨으로 거두리라는 것을 믿어 의심치 않기 때문이다.

이상을 이루는 데에 방해가 되는 것은 주변 사람들의 비난이다. 여기서 주변 사람은 정말 가까운 사람들일 확률이 높다. 부모님, 바로 곁의 친구, 같은 과 사람들, 교제하는 사람, 직장 동료, 조부모님 등이 주변 사람에 해당될 수 있다. 이는 약한 정도의 비판 또는 현명함으로 위장한 '자기 생각'일 수 있다. 사람마다 다른 이상을 품고 살아간다. 누군가는 가장 안정적인 일을 하며 늦게 퇴직할 수 있는 것이 보장된 일자리에 종사하고 싶어 한다. 실제로 그 안정감에서 본인이 만족한다고 생각한다. 다른 누군가는 가장 모험적인 일을 할 때에 희열을 느끼고 그것으로 자아가 만족하는 경험을 한다. 전자를 '안정인간' 후자를 '모험인간'이라고 가정했을 때, 모험 인간이 자신의 이상을 좇으려 세상으로 뛰어드는 것을 봤을 때 안정 인간은 서둘러 말릴 것이다. 왜냐하면 자기가 보기에는 전혀 이해할 수 없는 행위이기 때문이다. 이럴 때 아주 진심을 담기도 하고 친절하게 안정인간이 모험인간에게 조언을 하기도 한다. 여러 가지 논리를 들어 친절하게 설명해주는 것이다. 왜 안정을 쫓아야 하며 모험을 버려야 하는지 말이다. 기본적으로 안정적인 것을 추구하는 사람은 모험을 두려워할 수밖에 없다. 모험도 좋고 안정도 좋은데 어떻게 병적으로 안정적인 것을 추구하는가? 반대로 모험적인 것을 추구하는 사람은 안정을 지독하게 지루하다고 생각할 수밖에 없다. 안정도 좋고 모험도 좋은데 어떻게 병적으로 모험적인 것을 추구하겠는가? 이처럼 어떤 것을 추구할 때 그와 반대되는 것을 자연스럽게 나쁘거나 부정적으로 생각하고 있어야 어떤 것을 더 추구할 수 있게 되는 것이다. 실제로는 세상에 안정 인간과 모험 인간 모두가 필요하다. 때로는 과감하게 트렌드를 주도하거나 과감하게 하고 싶은 말을 해서 그 말이 필요했던 사람에게 영감을 줄 수 있는 것이다. 때로는 투자도 해보고 창업도 해보는 것이 필요하다.

인간은 본질적으로 모험 자체를, 그 경험 자체를, 그리고 그때의 성과를 좋아한다. 안정적인 사람도 필요한 것이, 누군가는 안정적으로 늘 자리를 지켜주어야 하는 일에 종사해야 하기 때문이다. 어떤 직종은 한 사람이 오래 일을 해서 경력도 길고 그 분야에 대한 지식이 많이 쌓이는 것이 좋기 때문이다. 대부분 이런 직업은 사회에서 아주 중요한 역할을 감당하며 없어서는 안 되는 직업이다. 이런 식으로 안정과 모험은 서로 이해할 수 없고 양립할 수 없지만 그럼에도 불구하고 둘 다 모두 사회에 필요한 사람이며 필요한 이상이다. 만일 자신의 이상이 모험인간 쪽에 가까운 사람이라면 주변의 안정인간들이 걱정 어린 말투로 조언을 잔뜩 늘어놓을 것이다. 그래서 결국 정신이 혼미해지게 된다. '내가 틀린 것일까? 내가 모험하려고 하는 게 멍청한 짓일까? 내가 갖고 있는 이상은 사회부적응자의 마음인가? 내가 갖고 있는 이상은 보수적인 안정인간들의 기대에 부응하지 못하는 이상인가? 그럼 나는 나의 이상을 버려야 하는가?' 이때 잘못된 선택을 할 경우에 사람이 굉장히 우울해진다. 자기가 갖고 있는 이상을, 자신의 마음에 심어져 있는 이상을 부정했기 때문에 억지로 하기 싫은 다른 사람의 이상을 이루기 위해 남의 인생을 살기 시작하기 때문이다. 분명 한 사회의 정규분포에서 평균에 위치하지 않은 자기의 이상을 끝까지 추구하기란 어려운 일이다.

내가 생각할 때 10대 때는 대부분 아예 스스로 할 힘이 없다. 왜냐하면 계속해서 부모님의 동의를 받아야 하며 꿈조차 교정당하기 십상이기 때문이다. 또한 부모님에게 경제적으로 지원받아야하기 때문에 자신의 이상을 피력하기가 어렵다. 또는 '고등학생 때는 일단 공부해 둬, 그래야 기회가 많아지니까 성인이 되면 알아서 해'라는 진실인지 의심가는 의미심장한 말을 믿을 수밖에는 없는 것이다. 20대의 경우도 비슷하다. 10대 때보다 사정이 그나마 괜찮아진 것일 뿐이지 여전히 무언가에 얽매여 있을 가능성도 크다. 더 이상 부모님이 개입하지 않는다고 해도 은근한 방식으로 부모님의 생각에 함몰되어 있을 가능성도 크며 자신이 이미 부모님의 이상을 이루기 위해 부모님의 인생을 살고 있는지도 모른다. 부모님이 아니더라도, 자신이 속한 학교나 단체에서 주류를 이루는 생각에 이끌리어 살고 있을 수 있다. 마찬가지로 자신이 반복적으로 시청하는 SNS 영상이나 뉴스와 같은 플랫폼을 통해 자신이 자아낸, '사회는 이러할 것이다'라는 사회적 흐름에 영향을 받고 있을 수 있다. 나는 부모님이 나쁘다고 하는 것이 아니다. 왜냐하면 부모님은 자신의 자식의 안녕을 기원하며 좋은 미래를 보장해주고 싶기에 조언을 하는 것이기 때문이다. 그러나 부모님의 인생을 살 수는 없다. 이것은 명확히 분리해야 한다. 대학교를 갈 때 부모님이 대신 가주지 않는다. 하물며 친구가 대신 내 신분을 사용해 대학교 수업을 들어줄 수 없다. 시험도 대신 봐 주지 않는다. 남의 인생을 살 수는 없는 것이다. 부모님 말고도 나에게 조언을 해주는 주변 사람들이나 영향을 많이 받는 사회의 흐름을 담은 미디어도 마찬가지이다. 아무리 부모님이나 사회나 주변 사람들의 인식이 타당해보이고 논리적이어도 내 이상과 다르다고 생각이 들거나, 내가 살고 싶지 않은 삶이라면 '내 생각은 이러해요'라고 말할 수 있어야 한다. '이것도 좋아요'라고 말할 수 있어야 한다. 겉으로는 말을 못 하더라도 마음속으로라도 스스로에게 이야기해야 하는 것이다. 아무리 간호사라는 직업이 좋다고 할지라도 내가 하기 싫고 내가 패션 디자인이 더 하고 싶으면 그걸 하면 되는 것 아닌가?

그러나 이렇게 현실에서는 간단하지 않을 수 있다. 때로는 용기내 시도한 후에 성과가 보이지 않더라도 계속해서 노력을 부어야 한다. 이 과정에서 절망감도 느낄 수 있지만, 그럼에도 분명 이루어질 수 있다고 믿으면서 길을 가야 한다. 이럴 때 분명 도움이 될 것이라고 생각하는 것은 자신과 비슷한 성향이거나 비슷한 이상을 갖고 있는 사람들과의 만남을 가지는 것이다. 이런 사람들끼리 모여서 서로 영감을 주고받고, 서로 조언도 해주며 응원하면 분명 좋은 영향을 미칠 것이다.

솔직히 말하면 나는 모험 인간이다. 그래서 안정 인간인 주변 사람들 모두 나를 괴짜 취급한다. 부모님은 내가 의대나 약대를 들어가기를 원했고 하다 못 해 생명공학과 대학원에 진학해 박사 학위를 따기를 바랐다. 부모님은 철저히 안정 인간이었던 것이다. 그러나 나는 안정 말고 모험을 원한다. 내가 대충 모험이 좋아 보이기 때문에 모험 인간이 된 것은 아니다. 나도 될 수 있었으면 주변 사람들의 기대에 부응하고 싶었고 안정 인간이 되고 싶었다. 그러나 안정은 나를 미치게 만들었고 안정을 추구하기 위해 했던 공부, 활동, 경험들은 매 순간 고통스러웠다. 그래서 이제 나는 인정할 수밖에 없게 되었다. 스스로에게 하던 거짓말도 거두었다. 미움 받을 것 같아 인정하고 싶지 않았던 내 성향을 어느 순간 인정하게 된 것이다. 나는 모험을 좋아하는구나. 나는 다른 사람이 가보지 않았던 길도 내가 열심히 가보고 싶구나! 이렇게 인정하게 되기까지 도대체 얼마나 많은 시간이 들었는지 모르겠다. 인정하고 나서도 나의 이상을 계속 추구하는 과정에서도 용기가 필요했다. 하지만, 그 용기는 다른 사람에게 말하기 위한 용기였지, 내가 원하는 삶을 살기 위해 들이는 노력을 하는 동안에는 용기가 그닥 필요 없었다. 왜냐하면 너무나도 쉬웠기 때문이다. 그동안 안 맞는 옷을 입고 다른 사람의 인생을 살면서는 매 순간 고통스럽고 하루하루 버거웠지만 지금 내가 하고 싶은 일을 하면서 내가 원하는 삶, 나의 이상을 추구하는 요즘은 전에 비하면 취미 수준이다. 당연하다, 좋아하는 일이니까. 나는 출근도 기대되고 월요일도 문제 없으며 미래가 너무 기대된다. 내 삶은 하루 하루 나의 이상에 다가가고 있으니 기쁨으로 충만하다.

즐거운 나의 일

우울감이 심할 때, 취직의 압박이 상당했다. 보통 직장인이 된 상상을 하면 자신이 발표하는 상상, 자신이 미팅에 참여하는 상상, 회의에 참여하는 상상을 하지 않는가? 누군가는 이런 상상을 로망이라고 여기기까지 하며 그런 이미지를 머릿속에 많이 그린다. 나는 그런 상상은 시도조차 하지 않았다. 따라서 '내가 취직하면 이러할 것이다'하는 이미지 연상은 마치 금지된 것처럼 의식이 그런 방향으로 흘러가지도 않았다. 우울증이 심할 때는 내가 이렇게 사회부적응자여서 어떻게 세상을 살까 너무 두려웠다. 나 같은 건 사회에 필요 없는 입만 산 사람이면 어쩌지 그런 생각을 많이 했다. 편의점 알바를 할 때면 정말 괴로웠다. 일주일에 두 번 7시간 편의점에서 노동하는 것이 너무 싫었던 것이다. 나는 일하고 싶지 않았던 건 아니다. 나도 나름대로 다른 사람과 협업이 필요한 노동을 하려고 노력했었다.

그런데 지금 알게 된 것은 사뭇 다르다. 세상에는 다양한 직업이 있고 다양한 직군이 있고 다양한 일이 존재한다. 다만 내가 알고 있던 직업과 직군 그리고 일은 회사로 한정되어 있었을 뿐이다. 그것도 체계가 분명한 회사에서의 사무직 말이다. 세상에는 여러 직업이 있는데 나는 내가 다른 직업을 생각하기는 늦었다고 단정 지었다. 정말 하기 싫은 일을 할 수 밖에는 없겠다고 속단했던 것이다.

이젠 세상엔 참 많은 직업이 있다는 것을 알게 되었고 기회가 넘쳐난다고 생각한다. 나는 이제 자유롭다. 내가 더 이상 글을 쓰지 않게 되는 날이 오면, 다른 일이든 무엇이든 해서 돈을 벌며 살 것이다. 내가 좋아하는 일을 새로 찾아서 새롭게 일을 할 것이다. 전문적으로 한 직업에 수십 년 종사하는 사람도 있지만 나는 그럴 수 없는 사람일 수 있는 것 아닌가? 나는 다를 수 있는 거 아닌가? 나는 회사의 사무직에 근무하기 싫은 사람일 수 있는 것 아닌가? 내가 음식점을 할 수 있는 것 아닌가? 나는 요리를 잘하고 요리를 즐거워하니 나도 해볼 수 있는 거 아닌가? 나도 온라인 클래스나 전문대학의 패션 디자인 과정을 수료하여 옷 만드는 방법을 숙지하고 디자인을 시도해볼 수 있는 것 아닌가? 내가 디자인을 30살에 시작해도 되는 것 아닌가? 누군가는 사람을 가르치고, 누군가는 글을 쓰고, 누군가는 정육점에서 고기를 팔고, 누군가는 물고기를 잡고, 누군가는 옷을 디자인하고, 누군가는 옷을 소매로 팔고, 누구는 도매로 팔고, 누구는 연구를 하고, 누군가는 치킨을 만들어서 팔고, 누군가는 강아지를 미용하는 일을 하고... 나는 이제 나에게 맞는 직업을 찾으려고 노력하며 나 하나를 책임지려고 노력한다. 열심히나 완벽하게랑은 다르다. 할 수 있는 만큼, 하기 싫어도 나를 책임지고 보살피기 위해, 나름대로 좋아하는 일을 찾아서 한다. 굳이 연구직이 아니어도, 굳이 사무직이 아니어도 나는 상관없다. 내가 좋아할 수 있는 일을 하는 게 더 중요하고, 이것이 나에게 더 이롭고 건강하다. 지금의 나는 글을 쓰는 일을 하고 있고 이렇게 우울증에 관한 원고를 쓰고 있다. 내가 좋아하고 잘할 수 있는 일을 찾았고 기회가 와서 너무나도 감사한 요즘이다. 내 전공인 생명공학은 이런 글을 쓰는 데 큰 도움이 됐다. 진화론적이거나 유전적이거나 면역학적인 관점으로 우울증을 해석해 볼 수 있기 때문이다. 인문학을 과학으로까지 넓혀 연결지을 수 있는 즐거운 일이다.

중증 우울증을 겪고 있을 땐, 난 마치 재능이 하나도 없는, 멍청한 사람이 된 기분에 두려움밖에 없었다. 취직은 건사하고 알바도 못 할 거 같았고, 인간관계도 막막했다. 하지만 지금 알게 된 것을 우울증에 걸려야만 알아낼 수 있다면 다시 돌아가도 우울증에 걸리고 싶다. 나는 내향적이다. 극도로 내향적이며, 예민하다. 다른 사람이 어떤 말을 하는 게 마음에 걸리면 깊이 곱씹는 피곤한 성격이다. 이것이 단점이라면 작은 것을 놓치지 않고 사유하며 좋은 결론을 내려고 노력하는 것이 장점이다. 즉 내가 작은 것에 예민하게 받아들이는 것은 다른 사람에 비해 센서의 감도가 높다는 것이고 다른 사람들은 지나치는 불합리나 특징을 잘 캐치한다는 것을 의미한다. 모든 면은 장점과 단점이 있다. 다만 주류와 비주류가 있을 뿐이다. 대부분의 사회는 예민하지 않고 외향적이며 인간관계를 두루두루 잘 하며 성실한 사람이 주류가 된다. 내가 예민하고 내향적이었던 건 비주류였을 뿐이지 단점만 있는 것이 아니었다. 비주류도 자아실현을 하며 세상을 살 수 있으며 때로는 비주류가 리더가 되기도 한다. 비주류나 단점처럼 보이는 어떤 면이 장점이 있어 이것이 차별점이 되기 때문이다. 그래서 현재 우울증이 완치되었다고 할 수 있는 내가 나를 바라볼 때, 나는 너무나도 세상에 필요한 인간이라고 생각한다. 우울증에 관해 세밀하고 예민하며 깊은 고민을 해 본 내가 촘촘하게 글을 쓸 수 있다는 사실에 내가 참 좋다. 나는 재능 있다. 남들이라면 말하기 어려워하고 생각하기도 싫어하는 일을 나는 숨 쉬듯 이야기할 수 있는 재능이 있다. 다른 사람과 많이 만나지 않아도 불만 없이 일 할 수 있는 재능이 있다. 이 재능은 내가 글을 쓰고 사유하는 데에 아주 도움이 된다. 나는 내향적이며 공상도 자주 하는 편이었다. 물론 우울증에 걸렸을 때 이런 공상 능력으로 빠져나오기 어렵거나 과도하게 두려워하는 경향이 있었던 건 사실이다. 하지만 모든 일에는 장점과 단점이 있듯, 단점을 줄이고 장점을 극대화하는 연습이 필요하다. 이런 연습의 필요성의 문제이지 옳다 그르다의 문제가 아닌 것이다. 모든 내향적인 사람들이 우울증에 걸리는 것은 아니며 일반화할 수 없지만 그래도 내향적인 사람들을 모집단으로 했을 때 우울증 환자가 더 많은 거 같다. 세상에 기죽고 세상에서 내 자리는 없지 않을까 생각하고 불합리에 말을 꺼내지 못 하는 예민하고 슬픈 사람들 말이다. 나는 이렇게 말하고 싶다. 우리가 내향적인 것은 오히려 재능이다! 우울증이 왔다면 다시 돌아볼 기회 아닌가? 상처가 생기면 그 상처를 지켜보고 조치를 취하듯, 이 상처가 기회가 되면 좋겠다. 어쩌면 내 재능을 발견할 수 있는 아주 귀한 기회!

부록

내가 만난 우울증 이야기

분석상담이란?

저자는 우울증 극복과 관련된 영상을 유튜브에 업로드하고 소통하며 유튜버로 활동하고 있다. 또한, 우울증이 있는 사람들과 온라인으로 만나서 분석상담이라는 온라인 채팅서비스를 판매하고 있다. 분석상담은 카카오톡 오픈채팅방 링크를 전송했을 때 신청자가 사연을 보냄으로 시작된다. 신청자가 보낸 사연의 긴 글 속에 묻은 신청자의 생각, 인식, 편견, 숨겨진 호불호, 진심으로 바라는 것, 성향을 분석해서 신청자가 고민하고 있는 문제를 빠른 속도의 정보 처리로 정리 정돈을 돕는다. 분석상담은 유튜브를 운영하기 전에 시작한

서비스였는데, 우울증 유튜브 채널을 운영하면서 우울 관련 신청자가 종종 생겼다. 원래 여러 가지 인생살이 분야로 사연자의 글을 분석하는 서비스를 했었는데, 우울이 있는 상담자의 경우 우울에 빠지게 되는 패턴을 분석하기도 했고, 필요한 질문을 추가적으로 해서 내부에 숨어 있는 마음 속 우울의 '목적'을 함께 찾아보는 것을 주로 한다. 이 과정에서는 그동안 어렴풋하게 알고 있던 자신이 반복적으로 우울해지는 그 패턴을 알게 되기도 하고 정리되지 않은 과거 기억들로 발생한 문제들의 얽힌 실타래가 풀리기도 한다. 그동안 정리되지 않았던 모호했던 고민이 선명해지며 구체적인 솔루션을 얻어가는 것이다. 이때 우울증이 있는 사람과 함께 고민하고 함께 용기내고 함께 털어놓으면서 삶이 회복되고 있는 감사한 사례가 많다. 이들은 전과 같이 우울증에서 다 벗어났다고 하기는 어렵지만 그래도 이제는 일상을 열심히 살려고 노력하고 있었다. 그리고 이들은 전처럼 우울증이 있다는 이유로 삶을 비관하기만 하지는 않는다. 그저 하루에 할 수 있는 최선을 다하고, 앞으로의 미래도 포기하지 않는 모습이었다.

두 명을 인터뷰 했는데, 한 명은 인터뷰 그대로를 사용했고 다른 한 명은 이야기를 조금 각색해서 실어두었다.

인터뷰1

인터뷰 질문

분석상담 후 우울증에 대해 변한 생각이나 일상에서 달라진 점이 있나요?

이레의 분석상담을 접한 후, 정말 많은 변화가 있었는데요. 가장 임팩트 큰 변화는 내가 이때까지 철썩 같이 믿어왔던 사람들의 기준이 다 거짓이었다는 깨달음이었어요. 나에게는 맞지 않았는데 스스로도 강요하며 진실이라고 믿어온 것이요. 마음 깊숙한 부분에서는 저도 그걸 알고 있었지만, 괜찮다며 나를 속여온 것 같아요. 이걸 분석상담을 통해 깨우치게 됐고요. 앞으로는 그런 것들에 함몰되지 않게 스스로를 지키고 싸워야 한다는 생각을 가지게 된 것 같아요.

인생에서 무언가 결정을 내리는 것은 온전히 제 선택이라는 사실도 인지하게 됐어요. 처음엔 인정하기가 버거웠으나 후에는 용기를 낼 수 있게 된 계기가 됐죠. 내가 느끼는 감정들이 잘못된 것이 아니라는 것, 나는 내가 살고 싶은 삶을 선택할 수 있다는 것. 처음에는 받아들이기 힘들었지만, 인정한 후에는 스스로가 나아지는 걸 느낄 수 있었어요. 이전에

하던 죽고 싶다는 생각이나 삶의 의미에 대한 의문들이 해소됐죠. 요즘은 일상에서의 루틴 중 어느 하나 의미 없이 행하는 바 없도록 조심하고, 생각하고, 의문을 갖는 습관을 갖게 됐어요.

우울증 발생 원인은 무엇이었다고 생각하나요?

'가족'이라는 관계가 제 우울증의 원인이었던 것 같아요. 저는 부모님과 이모의 공동 육아로 길러졌어요. 저희 가족은 저를 사랑한다고 말은 하지만 저를 기른 방식은 전혀 사랑하는 자식을 대하는 자세가 아니였어요. 어렸을 때부터 강제로 공부를 시키는 건 물론이고, 제가 좋아하는 것을 말하면 늘 부정했어요. 집에서는 에어컨을 켜는 것조차 눈치가 보였고, 어른들은 내내 돈 얘기를 했어요. 이모와 엄마, 아빠에게 꽤 오랫동안 가정 학대와 물리적인 폭력을 당했고 중학교 다닐 때는 주기적으로 왕따를 당했어요. 전학을 보내달라는 제 의견은 가볍게 무시됐고요. 고등학교 시절에는 자주 호주와 한국을 오갔는데, 어느 한 곳에 정착하지 못하고 고등학교를 네 번 옮겨 다녔어요. 환경이 늘 달라졌고, 친구를 사귀기 힘들었고, 가족의 사랑까지 부재했어요. 가족이 늘 원망스러웠습니다.

저는 항상 축 처져 있고, 눈치 보는 아이였습니다. 나는 내 가족이 싫은데, 싫어하면 나쁜 아이가 되는 것만 같아 그 괴리감에 정신병과 우울증이 생겼다는 생각이 들어요. 그렇게 성인이 된 저는 잘난 게 하나도 없는 것처럼 느껴졌어요. 세상이 너무 힘들고 무겁고, 차가웠어요.

만약 우울증이 완치됐다면 하고 싶은 일이 있나요?

우울증이 완치된다면 저와 같은 경험을 하고 있는 사람들에게 도움을 주고 싶어요. 늘 우울증이 심했을 때도 종종 그런 생각들을 하고는 했어요. 나 같은 사람이 또 있다면, 혹은 나보다 더 어린 친구들이 이런 고통을 겪고 있다면 나도 옆에서 힘이 되어주고 싶다고요.

최근 우울증을 극복하는 중인데요. 잘하고 있다고 생각되는 부분이 있나요?

아무래도 일상이 많이 바뀐 것 같아요. 저는 오랫동안 사람들이 나를 쳐다보는 게 너무 무서워 집 앞 마트도 나가지 못했고, 방문 앞에 바로 있는 화장실에 문을 열고 나가는 것조차 잘 하지 못해 하루 종일 침대에서만 생활했어요. 그런데 지금은 늦지 않은 아침에 일어나려고 노력하고, 나를 위해 요리하고, 머리카락이 떨어지면 바로 치우고, 매일 씻고 있어요. 일상을 지키려고 노력해요. 이런 게 정말 버겁고 힘들 때가 많았는데, 요즘은 '해야 된다'라는 생각 없이 자연스럽게 하고 있는 것 같아요. 또, 뭐든 '나는 안 될 거야, 나 같은 사람이 어떻게 그러겠어'라는 자기비하도 줄어들었어요. 자기연민도 줄었고요. 무언가 하면 결과가 보였고, 나는 그 정도의 가치가 있는 사람이라고 증명했기 때문에 더 이상 그런 생각을 할 필요가 없어졌어요. 종종 예전의 습관들도 튀어나오고 우울할 때도 있지만, 많이 행복해졌어요.

우울증 극복에 대한 팁이 있었나요.

정해진 틀과 기준은 없다는 것. 그걸 인정하고서 마음이 훨씬 편해진 것 같아요. 저는 사람들이 말하는 우울증 극복법이라는 기준에 스스로를 가둬서 많이 힘들었어요. 책도 읽어보고, 산책도 하고, 음악을 듣고, 일기를 쓰고, 친구들과 하염없이 수다도 떨어봤지만, 이런 보편화된 '우울증 극복법'은 저에게 전혀 통하지 않았어요. 오히려 더 절망적이었죠. '아,

나는 더 이상 나아질 방도가 없구나' 하고 말이에요. 나를 가두고 있는 요소가 있다면 뭔지 생각해보면 좋을 것 같아요. 상담을 받아보는 용기를 내보는 것도 좋은 것 같아요. '우울증을 극복하고 싶다'라고 인정한 사실 자체만으로도 이미 큰 시작이니까요.

우울증 극복의 핵심은 무엇이라고 생각하시나요?

핵심은 '스스로를 회피하지 않는 것' 같아요. 저는 남들도 다 저와 같은 줄 알았어요. 기본적으로 우울한 인간이고, 부정적인 감정이 맴도는 사람이요. 나는 이대로만 살아야하는 줄 알았고, 내 미래는 정해져 있다고만 생각했어요. 주변을 둘러본다거나 무언가 해보려고 나아가는 시도조차 하지 않았죠. 하지만 다른 사람들은 알았으면 좋겠어요. 그렇게 무너지기에는 너무 아깝다는 걸요. 나아질 수 있고, 무언가를 해볼 수도 있다는 걸요. 반복되는 말이지만, 남들이 정해놓은 기준에, 사회가 정해놓은 틀에 얽매이지 않고 '나'를 추구하고 알아가는 시간을 보냈으면 좋겠어요. 결국에 답은 내안에 있음을 알면 좋을 것 같아요.

요즘은 어떻게 지내고 있나요?

요즘은 이런 날이 올 거라 상상도 못했을 만큼 행복해요. 가족과의 관계에서 어려워지는 불편함이 넘어오지 않도록 제 선에서 잘 끊어낼 줄 알게 됐고, 휘둘리는 일이 적어졌어요. 기존에 믿어왔던 틀에서는 벗어나 제가 좋아하는 것들을 하나씩 하나씩 찾아가며 생활하고 있습니다. 저는 언어와 음악을 참 좋아해요. 과거에는 제가 좋아하는 것들이 타인에게 부정당했고, 이런 것들로 생계를 유지하는 건 불가능할 줄 알았는데요. 지금은 조금씩 실현되고 있어 정말 행복하고 앞으로의 미래가 기대돼요. 미래에 대한 불안감과 겪고 있는 어려움이 전부 사라졌다고 하면 거짓말이겠지만, 지금은 그런 불안함조차 즐겁습니다. 전부 다 즐겁지는 않아도 이제는 두렵지만은 않아요. 제가 저의 삶을 사랑하게끔 실천하고 있습니다. 이전의 삶과 비교하면 너무 감사해요. 이끌어주신 이레님한테 다시 한번 감사 인사 드리고 싶어요.

인터뷰2

인터뷰 질문

분석상담 후 우울증에 대해 변한 생각이나 일상에서 달라진 점이 있나요?

우울증으로 인해 나오는 증상들에 대해 새로운 시각으로 바라볼 수 있게 되었습니다. 좀 강하게 말하자면 우울증으로 힘들어할 때 무의식적으로 자기합리화를 하거나, 자기연민을 하거나, 반복적으로 스스로의 생각에 빠져버렸기 때문이라는 생각이 가능해진 거죠. 이제는 그런 저의 행동들을 자각할 수 있게 되었고, 완벽히 고치지는 못했지만 최대한 고치려고 노력 중입니다.

우울증 발생 원인은 무엇이었다고 생각하나요?

학교 성적에 대한 부모님의 압박과 과잉보호에 숨이 막혔던 것 같아요. 그 과정에서 좋지 못 한 방식으로 감정을 해소하기도 했고요. 잘못된 방식으로 상황을 벗어나려고 했어요. 그걸 계기로 우울증이 오기 좋은 습관이 쌓인 걸 수도 있다고 생각해요. 즉, 상황 자체가 괴로운데 이에 대한 저의 해결

방식도 좋지 못했던 것 같아요. 유전적으로 타고난 기질 탓도 있다고 생각해요. 다른 사람에 비하면 선천적으로 기분이 좋지 않은 편이었어요.

만약 우울증이 완치된다면 기대하는 바가 있나요?

남들처럼 사는 것이요. 큰 감정기복 없이 적당히 우울하고 적당히 행복을 느끼고 성과에 도움될 만큼의 적당한 불안과 긴장을 갖고 열심히 살고 싶어요.

최근 우울증 극복 과정 중에 잘하고 있다고 생각되는 점!

전보다 자기객관화를 열심히 하려고 노력중이에요. 기분이 확 안 좋아졌을 때 그거에 집중하지 않으려고도 노력하고 있어요. 수면제로 처방받은 약을 매일 먹다가 주 1, 2회로 줄여서 담당 의사 선생님에게 칭찬도 받았네요. 여러 가지로 노력하고 있다는 점에서 스스로도 만족스러운 거 같아요.

우울증 극복에 자기만의 꿀팁이 있나요?

기분이 안 좋을 때 너무 벗어나려고만 발버둥 치며 그 기분에 함몰되지 않기. 너무 혼자만 끌어안고 있지 말고 주변 사람에게 어느 정도 털어놓기. 요즘에는 의지가 되는 사람에게는 불편하지 않은 선에서 저의 어려움을 털어놓곤 해요. 우울증을 100% 극복한 것이 아니라 단언할 수 없지만, 그래도 나름대로의 팁이에요.

순간적으로 올라오는 충동은 샤워를 하거나, 강아지 냄새를 맡거나, 10초를 세어보는 식으로 이겨내고 있어요. 모든 충동을 이겨내진 못하지만 전보다 충동적으로 생각하고 행동하는 빈도가 줄었어요. 의사선생님이 말해주신 방법도 있는데요. 10초 세고 다시 거꾸로 세기, 얼음 먹거나 손에 쥐고 있기, 빨간펜으로 낙서하기 등이에요. 저한텐 숫자 세기가 효과 있더라고요.

우울증 극복의 핵심은 무엇이라고 생각하시나요?

우선 약은 제대로 챙겨먹는 게 좋은 것 같아요. 저는 약을 제대로 안 챙겨먹어서 반년 치 넘게 약이 쌓여있을 정도였어요. 그래서 이렇게까지 안 좋아지지 않았나 싶어요.

가벼운 우울증이라면 심리상담을 받으면서 어느 정도 나아질 수 있으니까 꼭 가보는 걸 추천해요. 약물 복용이 필요하다 싶으면 아마 심리상담사 쪽에서 말을 해줄 거예요.

만약 약을 먹어야 할 정도로 심각한 상황일 때 약물 치료를 시작하지 않거나, 저처럼 약을 복용하다가 그만둬 버리면 나중에 본인이 힘들어져요. 언젠가는 터지게 되는 거죠. 저도 알고 싶지 않았는데... 알게 된 입장으로서 저처럼 힘들지 않기를 바라는 마음에 이렇게 이야기를 합니다. 친한 지인 중에 우울증 약을 쌓아두고 먹지 않고 있는 사람에게도 똑같이 말을 해줬어요. 정말 상상 그 이상의 고통이에요. 그리고 그렇게 힘들 때 고통을 벗어나기 위해 한 잘못된 행동들이 조금만 힘들어지면 나타나고 그게 반복이 되어 습관이 된답니다. 저도 아직 못 고친 부분이라서 여전히 힘든 부분이 있습니다.

요즘은 어떻게 지내고 있나요?

전보다는 그래도 조금씩 나아지는 거 같아요. 솔직히 저는 지금 교수님, 의사 선생님의 목표가 '무조건 극복'이라는 빡빡하고 강박적인 목표인 상황은 아니에요. '감정기복을 많이 줄이고 충동이 올라오는 빈도가 줄어들어서 일상생활을 계속 할 수 있게 유지해보자'와 함께 '공부도 좀 해볼래?' 가 합쳐진 목표인데 전보다 감정기복은 많이 줄었으니까, 한층 나아진거겠죠? 그래서 전처럼 막막하지만은 않네요.

전에는 오히려 겉으로 보이기에는 잘 지내고 있지만 상태가 안 좋았었거든요. 당시에는 우울증으로 생기는 큰 문제 하나만 우선시 되어서 다른 인생의 문제들이나 어려움들은 머릿속에 안 들어왔었어요. 그런데 요즘에는 막상 우울증에 관한 문제들이 나아지고 조금 안정되니까 머릿속에 다른 고민과 생각들이 생겼습니다. 그래도 이 부분에 대해 언젠간 이 또한 적절한 방식으로 해결될 것이라고 믿고 있습니다. 어쩌면 이렇게 새로운 고민이 들어올 자리가 생겼다는 것만으로도 회복의 증거라고 생각해요! 우울증이 나아지더라도 삶의 다른 문제나 고민과 걱정은 별개의 문제니까요!

타인의 우울을 바라보며

우울증을 극복하기 위해 필요한 가장 중요한 것은 무엇일까? 나는 용기라고 생각한다. 역시 아들러가 말한 것에 영향을 많이 받았다. 그리고 그것들이 나에게 도움이 되었다. 위 두 인터뷰에 응해준 사람들은 모두 용기를 내어 분석상담이든 정신과 진료실이든 심리상담센터에 문을 두드린 사람들이다. 그렇게 문을 두드리기 까지 자신이 우울증이라는 것을 직면하고 인정했으며 이제는 회복을 위해 스스로가 노력하겠다고 용기를 낸 것이다. 이 사람들은 마음을 열어 진실을 받아들일 준비가 되었으며 이는 용기로 가능했다고 생각한다. 어려운 일도 가능하게 하는 게 용기가 아닌가? 이 사람들은 각각 우울증의 정도도 다르고 현재 살고 있는 양식도 전혀 다르지만 전과 달리 미래에 희망을 두고 하루를 살아내는 사람들이라고 생각한다. 생각보다 하루를 살아내는 게 어렵다는 것을 알았다. 하지만 우울증을 극복하려고 마음먹은 사람들은 하루를 살아내는 방법을 배워야 하기 때문이다. 좋은 하루든 좋지 못한 하루든 어떻게든 살아내는 것이 중요하다는 것을 알았기 때문이다. 이 사람들은 이제 더 이상 나아지지는 않을 거라는 부차적인 새로운 문제에 함몰되지 않고 오늘 할 수 있는 좀 더 나아진 행동을 한다. 또 공통적으로 발견할 수 있었던 패턴은 우울증이 나아진 상황에도 삶의 고통은 여전하다는 것이다. 우울증이 전보다는 나아진 시점에서 우울감이나 우울증으로 빚던 문제들은 줄어들어도 삶에서 발생하는 일들에 대한 고통들은 여전하다는 것이다. 이들은 증언한다. 취업, 돈 벌이에 관한 것, 인간관계, 공부 등 이런 문제들은 우울증이 있든 없든 모두가 직면해야 하는 삶의 여정 중에 있는 것이고 그때에 수반되는 고통들은 여전하다고 말이다. 그치만 전처럼 좋지 못한 방식으로 그 문제와 고통들을 방치하지 않고 나름대로 고민하며 해결하려고 노력한다는 점이 정말 훌륭하다고 생각한다. 전에는 버겁기만 했던 삶의 고통과 불안감이 오히려 이제는 당연하게 받아들여지고 나름대로 직면하면서 당장 삶에서 주어진 과제를 해결하려고 노력하는 것이다. 즉 이제는 자신을 책임지는 선택을 시작한 것이다. 조금은 엉성하더라도, 완벽하지 않아도, 대충이라도 이들은 우울증이든 삶의 문제든, 삶의 고통이든 책임지려고 하는 것이다. 나는 이런 우울증을 극복하고 있는 과정의 사람들도 이미 우울증이 없는 사람과 같은 보통의 사람이라고 생각한다. 어떻게든 삶을 잘 살아보려고 처절하게 발버둥치며 맞는 길을 더듬어 가려는 보통의 사람.

웬디의 꿈

웬디는 내 유튜브 구독자였지만 지금은 친한 언니 동생 사이가 되었다. 호주 영주권자였던 웬디는 내 유튜브를 보고 나를 알게 된 뒤로 용기를 내서 꿈을 이루기 위해 한국에 왔다. 웬디는 아직 우울의 습관과 어려운 과거의 기억과 가까이 있었다. 나는 웬디보다 2년 정도 먼저 같은 길을 가본 입장에서 조언을 많이 해줬다. 우리가 가족이 되자고 했다. 하루는 웬디가 우리 집에서 자고 간 날이 있었다. 그날 자신이 꾼 꿈을 이야기해주었다. 이날 웬디가 꾼 꿈은 정확히 나라는 사람의 시각과 재능을 잘 보여준다. 아래는 웬디의 꿈 내용이다.

꿈을 꿨다. 연희동 이레 언니의 집에서 자고 간 날이었는데 언니와 이터널 선샤인을 보고 새벽 두 시까지 얘기를 하다가 잠들었다. 생생하고도 선명한 꿈을 꿨다. 내가 아이패드를 찻길에 닿지 않는다고 생각하여 잠시 바닥에 두었는데, 어디선가 차가 나타나 그걸 밟아 완전히 고장이 나버렸다. 혼란스러워 아무것도 하지 못 하고 있던 내게 이레 언니는 내 손을 잡고, "이건 누구의 잘못도 아니고, 우리가 지금 어떻게 할 수 있는 건 없어. 어쩔 수가 없어. 일단 앞으로 가야 해. 괜찮아. 그냥 내버려두면 돼."

그리고 나는 언니의 손을 잡고 언니가 향하는 방향으로, 앞으로 나아갔다. 잠에서 깬 후 언니에게 말을 해주었더니 나의 무의식의 반영이라고 했다. 실제로 그러했다. 내가 불평이나 누군가의 험담 비슷한 걸 할 때면 언니는 나에게 동조해 주기보다는 "그 사람도 옳다, 다만 우리와는 생각하는 게 다르다. 웬디가 살고 싶어 하는 삶과는 다르잖아. 웬디는 그러고 싶지 않잖아. 우리는 우리의 할 일을 하면 된다고, 나쁜 게 존재하기에 좋은 것도 존재한다. 선이 있기에 악이 있다. 모두가 행복하고 좋은 사람이라면 이 구분짓는 형태의 표현은 존재하지 않겠지. 나는 화내야만 하고, 싸워야만 하고, 앞으로 나아가야만 한다."라고 말한다.

〈웬디의 일기에서 발췌〉

맞다. 세상은 내가 선택하든 선택하지 않았든 불행한 일이 일어난다. 사실이다. 세상은 잔혹하다. 세상에는 잔혹함이 존재한다. 잔혹한 세상이다. 가족도 친구도 연인도 남편도 자식도 때로는 잔혹한 세상 안에서 잔혹해진다. 이 사실에서 도망칠 수 있는 사람은 아무도 없다. 우리는 이 사실과 맞서 싸울 수 없다. 그러기에는 우리가 너무 작기 때문이다. 우리는 너무나도 작다. 우리에게 잔혹한 엄마, 잔혹한 현실, 잔혹한 가정에서의 일, 잔혹한 시어머니, 잔혹한 이성 친구. 왜 이래야만 하는지에 대해 바로 잡을 수 있는 것은 없다. 인간은 왜 사과를 떨어뜨리면 밑으로 떨어지는지에 대해 중력 때문에라고 답할 수밖엔 없다. 기본적인 물리 법칙의 근본적인 질문에 대답할 수 없다. 중력때문이라고 대답할 수 있게 된지도 얼마 되지 않았다. 우리는 왜 세상이 잔혹하냐에 대해 정확한 답을 알 수 없다. 이미 드러난 현상인 잔혹함을 받아들이고 우리가 할 수 있는 일을 해야 한다. **우리는 나아가야 한다. 내일로 가야 한다. 그러기 위해 오늘 할 일을 해야 한다. 못 살게 구는 엄마, 못 살게 구는 직장 상사, 못 살게 구는 세상, 못 살게 구는 친구 그런 것들을 내버려 두고 우리는 나아가야 한다. 묵묵히 내 길을 가야 한다. 묵묵히 하루를 살아야 한다. 불행한 무언가가 존재하는 이상 행복한 무언가도 존재하기에.** 나만의 행복, 나만의 행복할 미래, 나만의 행복한 사람들을 만나고 이것들을 귀하게 여기며 살아가야 한다.

불행이 미치도록 싫고 미운 이유는 그만큼 행복이 소중하기 때문이다. 찰나 밖에 안 오는 행복이지만 그 짧은 시간이라도 누릴만한 가치가 있기 때문에 우리는 평일을 일하고 주말에 휴식을 취한다. 평일이 있기에 주말이 소중하고 일상이 지루하기에 휴일은 즐겁다. 우리는 즐겁기 위해 지루한 걸까? 우리는 행복하기 위해 불행한 걸까? 잘 모르겠다. 그래도 우리는 묵묵히 때로는 지루하기도 하며 일하기도 하고 꾹 참기도 한다. 그래야만 한다. 앞으로 나아가 도달하기 위해. 나만의 소중하고 즐거운 미래로 나아가기 위해서 말이다.

고등학생 때 과하게 맞고 도망치듯 집을 나와 분당도서관에서 J.M. 바스콘셀로스의 『나의 라임 오렌지 나무』를 읽었습니다. 그때 정말 눈물과 콧물이 한 바가지 나오도록 슬피 울며 읽었던 기억이 나요. 이 책은 우리나라에서 유독 유명해진 책이라고 합니다. 그 이유는 우리나라에는 가정에서 학대받으며 자란 사람이 많았기 때문입니다. 가정에서 학대받은 자들이 이 책을 읽고 눈물을 흘리며 제제에게 공감을 한 것입니다. 한창 『나의 라임 오렌지 나무』를 많이 읽은 세대는 현재 2030세대의 부모님 세대입니다. 그럼에도 여전히 가정폭력은 사랑이라는 이름으로 이어지고 있습니다. 이는 사랑이라는 단어를 모독하는 행위이며 절대 유교의 효 사상으로 용인하고 넘어가서는 안 되는 이야기입니다. 우울증의 여러 원인이 있지만 가정에서 잘못 인도되어지는 경우가 많다고 생각합니다. 꿈도 함부로 가질 수 없게 만들고 물질만을 좇게 만들며 현실적으로 안정된, 소위 말하는 '전문직'과 같은 직업만을 그럴 듯한 꿈으로 여기는 많은 기성세대들의 압박에 자녀들은 숨 막혀 하고 어느새 부모님의 생각인지 자신의 생각인지 구분 짓지 못 하고 자신만의 꿈을 자유로이 꾸지 못 합니다. 결혼에 대한 제약 그리고 '이 정도는 해야 돼'에 대한 기준은 높아져만 가는 우리 대한민국의 현재 실정은 우울증과 저출산이라는 현상으로 드러난다고 생각합니다.

수학은 학교와 학원에서 배웠습니다. 하지만 삶을 사는 방법은 제대로 배운 적도 없고 잘못된 정보를 배우기도 합니다. 삶은 모험인데 삶은 경영이자 통제의 대상으로 바라보게 만듭니다. 그 증거로 아직도 많은 어른들이 어린이로 살고 있고 부모와 같이 살며 정서적으로든 경제적으로든 독립하고 있지 못하는 듯합니다. 그리고 삶 속에서 진정 중요한 것이 무엇인지 무엇을 추구해야 하는지가 획일적으로 물질적인 것에 치중되어 있습니다. 우리들은 지금 위기에 접어들었습니다. 자살율도 높고 자해하는 사람들도 많습니다. 우리

눈에 보이지 않을 뿐이지 실제로 매일, 현재, 일상에서 일어나는 일들입니다. 위기는 기회라고 했습니다. 변화하기 위해서는 위기가 필요합니다. 회복하기 위해서는 염증이 필요합니다. 우리 사회에 있는 여러 종류의 염증을 정확히 규명하는 것도 중요하지만 규명하는 것에서 그치면 안 됩니다. 우리 사회를 회복하기 위해서는 이 책을 읽는 개인이 회복되어야 합니다. 이 책을 읽고 용기를 내어 행동하기를 선택해 주신다면 분명 회복이 시작될 것이라고 생각합니다. 진정 개인이 용기 내 제대로 움직이기 시작할 때 진정한 회복이 시작되고 개인의 회복이 사회로 흘러 들어가 사회가 회복되리라 생각합니다. 저는 제가 겪은 가정폭력과 우울증의 경험이 참으로 복되다고 생각합니다. 오만하기 쉬운 성격의 저는 이 경험들로 인해 가정폭력과 우울증이 있는 사람들을 이해하고 마음으로 공감할 수 있게 되었으며 이에 관한 글을 쓸 수 있게 되었기 때문입니다. 우리 사회를 위해 저라는 사람의 개인적인 경험과 통찰에 대한 글을 쓸 수 있다는 사실에 정말 감사하고 있습니다. 이런 식으로라도 사회문제에 참여하고 협력할 수 있어서 정말 기쁘게 생각합니다.

심령이 가난한 자는 복이 있나니 천국이 저희 것임이요

(마5:3)

애통하는 자는 복이 있나니 그들이 위로를 받을 것임이요

(마5:4)

의에 주리고 목마른 자는 복이 있나니 저희가 배부를 것임이요

(마5:6)

그래서 저는 제가 참 복되다고 생각합니다. 여러분들도 마찬가지로 복되다고 생각합니다. 제가 우울증을 계기로 성장할 수 있었던 거 처럼 여러분들도 우울증이 있어 성장할 수 있기에 복되다고 생각합니다. 용기는 전염된다고 하던데, 제가 스스로를 돌보고 회복하기 위해 냈던 용기가 여러분들에게도 흘러 들어갔으면 좋겠습니다. 제가 받은 복이 여러분들에게도 흘러 들어가 여러분들도 복을 받으시면 좋겠습니다. 많은 자기계발서를 읽어봤지만 저에게는 큰 도움이 되지 못했습니다. 저는 우울증이 있었기에 그런 밝은 말들이 도무지 머릿 속에 남지 않고 빠져 나갔습니다. 마치 밑 빠진 독처럼 말이죠. 아마 당시 뇌기능이 저하되어 있었고 부정적 생각에 가려져서 아무것도 할 수가 없었나봅니다. 아무리 부어도 흘러 나가는 밑이 깨진 독 같았습니다. 저는 우울증을 회복하는 과정에서 자기계발이라는 말로는 설명할 수 없는 그 이상의 가치를 손에 쥐게 되었습니다. 삶을 올바르게 살아가는 방법과 그를 위한 마음가짐 그리고 나를 대하는 방법 나아가 우리 사회에서 내가 하고 싶은 일에 대한 소망을 발견했습니다. 저에게는 우울증이 생활 양식도 교정하는 계기가 되어주었고 삶을 대하는 올바른 마음가짐도 준비하는 계기가 되어 주었네요. 마찬가지로 진정한 사랑의 정의와 가치, 진정 내가 원하는 일이 무엇인지 알게 되는 계기가 되었습니다. 저에게 우울증이 기회이자 새로운 시작의 계기가 되었던 것처럼 여러분들에게도 우울증이 기회이자 새로운 시작의 계기가 되면 좋겠습니다. 어디 가서 '나 우울증 걸렸었어' 라고 말하는 일이 더이상 피해야 할 정신병자 취급되지 않으면 좋겠습니다. 우울증을 경험한 사람은 회복의 씨앗을 만났거나 더 성장하는 계기를 만난 사람이라는 인식이 생기면 좋겠습니다. 이렇게 되기 위해서는 여러분들이 삶의 필연적이거나 성장에 동반되는 고통을 기꺼이 감수하고 삶을 용기 있게 살아내며 회복에 적극적으로 참여하셔야 합니다. 만일 제 글을 읽으시고 아무 것도 행동으로 옮기지 않는다면 제 글은 실패한 글이 됩니다. 지식은 그렇습니다. 실행하지 않으면 저의 글이 그저 검정색 글씨정도나 종이 쪼가리정도로 전락하는 것입니다. 부디 당장은 아니더라도 저의 책이 우울증을 회복하려고 생각할 때 막막하다고 생각되지 않다고 생각하는 계기가 되면 좋겠습니다. 다 방법이 있습니다. 의지의 문제가 아니고 방법의 문제입니다. 우울증은 의지의 문제가 아니며 우울증을 해결할 수 있는 방법이 전부 있다고 생각하신다면 좋겠습니다. 의지 말고 용기를 내어주세요! 용기 내기를 선택해주세요! 먼저 가 본 이레가 응원하겠습니다.

마지막으로⋯ 여전히 부족한 저의 지식이나 생각을 이렇게 출판할 수 있게 도와주신 에디터님과 출판사 대표님께 감사의 말씀을 전합니다. 또, 독자님들께 저의 강한 어조에도 불구하고 끝까지 읽어주셔서 정말 감사하다는 말씀 전해드리고 싶습니다. 때로는 강한 문장이 필요하다고 생각했는데 저의 어조는 따스함이 부족한 듯 싶어 뜻하지 않게 누군가에게는 상처가 되었거나 차가운 잔소리로만 다가갔을까 봐 걱정이 앞서네요⋯ 좋은 글을 쓰려고 계속해서 노력하는 작가가 되겠습니다. 제가 부족함에도 인정하고 나아가는 것처럼 여러분들이 부족해도 함께 나아가면 좋겠습니다. 부족하지 않은 사람이 어디 있겠습니까? 그저 살아낼 뿐이지요.

오늘도 부족하지만! "오늘도 좋은 하루가 될 거야"라고
함께 말하고 함께 나아가는 우리들이 되기를 소망합니다.